日本一宝くじが当たる寺

金運を爆上げする12の習慣

今井長秀

GENTOSHA

日本一宝くじが当たる寺　金運を爆上げする12の習慣　目次

はじめに

金運を爆上げする「吉ゾウくん」のパワー

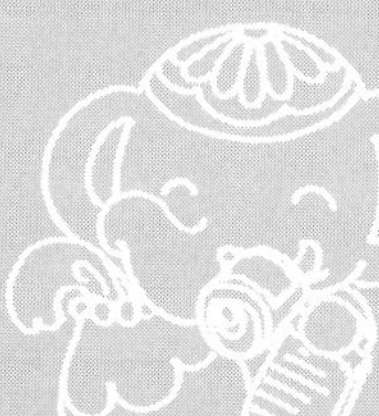

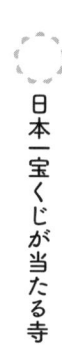

この本の使い方

★12カ月プログラム

1月 初詣で「今年こそ！」金運アップを誓う

6月 自分を磨いて「お金が集まる体質」になる

7月「心のレベルアップ」をしてサマージャンボに当せん！

8月　太陽の恵みでこれからずっと金運が良くなる

11月 お風呂に入るだけで「お金が勝手に増えていく」

12月 宝くじは「当たって当然」なんです！

はじめに

「1億!」「3億!」「6億!」どんどん当たっています!

今や、総額で10億円を超えることも少なくない宝くじの当せん額。

でも実際に、宝くじが当たる確率は、1000万分の1以下ともいわれています。

これは確率でいうと、東京都に住む約1000万人が全員、宝くじを買っても当たる人はたった一人ということ。

また、同じように考えると、一人の人が1年間に100回宝くじを買っても、10万年に1回しか当たらない計算になります。


ところが、私が住職を務める長福寿寺では、

「ロト6のキャリーオーバーで、6億円当たりました!」

「ハロウィンジャンボ宝くじの1等、3億円当たりました!」

「サマージャンボで1億円当たりました!」

といった「高額当せんした!」という喜びの声がたくさん集まっています。


それだけではありません。

5万円、8万5000円、10万円などと、毎週のようにナンバーズやスクラッチを当て続けている人もいます。


このように、宝くじを当てるためには、あなたの金運を上げることが大切です。

逆に宝くじで当たった当せん金額があなたの今の金運ともいえるのです。

ですから、本書で金運を爆上げすれば、宝くじも必ず当たり始めます。

さらに、宝くじばかりではなく、

「月収が4倍になりました！」

「月収3000万円になりました」

「年収1000万円になりました」

「貯金が1億5000万円になりました」

「持株が10倍になりました！」

「家を建てることができました！」

と、金運が大きくアップした人たちからの報告も次々と届いています。


「えっ、仏さまにお願いして〝金運アップ〟!?」

と、あなたは驚くかもしれません。

でも、仏さまの教えは「みんなが楽しくイキイキと生きる」ためのものです。

仏教には金運アップ＆幸運アップの知恵がたくさんある

「楽しくイキイキと生きる」ためには、お金が必要不可欠です。

お金がなければ心が沈み、気持ちも荒れてきますよね。

「金持ちケンカせず」といわれるとおり、お金は無いより有った方がよいのです。お金があれば心に余裕が生まれ、明るく楽しく生きることができるようになります。

「生きている人間を幸せにする」のが、2500年続く仏さまの教えです。

そして実は、「楽しくお金を儲ける知恵」「金運アップの知恵」がその教えのなかにたくさんちりばめられているのです。

お寺はなぜ「金色」なのか知ってますか？

では、なぜこれまで、仏教の「金運をアップする教え」が広まらなかったのでしょう。

実は昔、庶民の金運がアップしてしまうと困る「ある事情」があったのです。


ここでちょっとだけ、歴史の話をしましょう。

日本全土で、大小さまざまな国が争いを重ねたのが「戦国時代」です。

戦国時代は、「力が強いもの」が天下を取るという実力重視の時代でした。

お金があり、戦いを優位に進められる人がどんどん領地を広げます。

しかし、およそ100年ほど続いた戦国時代は、徳川家康が天下を取ったことでいったん終わりを告げます。


新しくスタートした江戸幕府は、これまでと同じでは「すぐに誰かに取って代わられるかも……」と恐れ「朱子学」という学問を公式に取り入れたのです。

「朱子学」とは、中国の思想の一つで「生まれながらの身分は変えられない」こと、そして「主君への忠義」を絶対視します。

さらに「朱子学」は「貧しくても清らかであればいい」という思想を持っています。庶民が「貧しくてもいい」、そして「自分たちの身分は変えられない」と考えてくれれば、幕府の安定にこれほど好都合なことはありません。

つまり江戸幕府が「長期にわたり支配し続けよう」と、自分たちに都合のいい考えを取り入れたため、その後の日本では「お金」や「金運」について公言するのが嫌われるようになってしまったのです。

でも、そもそも仏教が生まれたインドでは、仏さまやお寺を黄金で装飾するのがスタンダード。

そして仏さまの身体も「金色に輝いていた」といわれます。

仏教で金色は「絶えることのない光」「聖なる光」を表しています。

「生きとし生けるもの、すべてに光を与え続ける」という仏さまの思想を表しているのが「金色」なのです。

ですから、これほど「金色」を好む仏教が「お金を稼いではいけない」というわけがないのです。もちろん「お金の奴隷になってはいけない」とも説いています。

長福寿寺には1200年以上の歴史がある

私が住職を務める長福寿寺は、約1200年前に桓武《かんむ》天皇《てんのう》の勅願《ちょくがん》により創建された由緒あるお寺です。

「勅願寺《ちょくがんじ》」とは、天皇の命令によって建てられた寺院のこと。日本で「勅願寺」とされるお寺は、京都の清水寺、奈良の薬師寺、そして長野の善光寺などわずか50ほどしかありません。

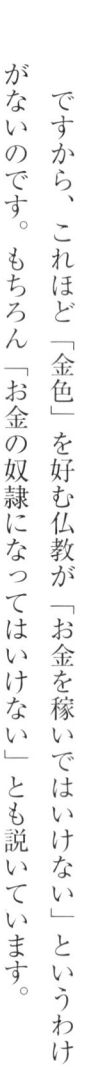

長福寿寺は、そのうちの一つであり、天皇家の紋章である「菊の御紋」を掲げることが認められています。

また中世の長福寿寺は、「日本三大学問所」、つまり僧侶のための大学として若いお坊様の教育にあたり、「西に比叡山、東に長福寿寺あり」と呼ばれていました。

「吉ゾウくん」は仏さまの分身

室町時代のこと。

当時の学頭《がくとう》、つまり、お寺で学問を統括する僧である豪仙学頭《ごうせんがくとう》が、人々の幸せを願い厳しい修行を積んでいました。

一心に祈禱していると、炎のなかに一頭の白い象が舞い降りてきたのです。

仏教では「白い象は仏さまの分身」であり、悟りをひらいた人のところに降臨するとされています。

豪仙学頭のもとに現れた白い象は、まさに「幸せを呼ぶ吉象」だったのです。

吉象は、炎のなかから「私の足をさすれば、必ず幸せになる。豊かになる。そのことを多くの人に伝えよ」と告げました。

　そのため、豪仙学頭は、この「吉象」を世に知らしめ、多くの人を幸せに導きました。

　その後、幾多の戦乱により「吉象」の存在は隅に追いやられてしまいます。

　しかし、多くの人から「吉象」復活の根強い要望が絶えず、ついに2011年に、願いを叶える吉象を「吉《きち》ゾウくん」と名付けて、お奉りすることになったのです。

　また私は、人を幸せにする仏さまの教えを、より親しみやすく「吉ゾウくんの教え」として皆さまに広めています。

歴史ある長福寿寺では幸せを呼ぶ象「吉ゾウくん」が奉られている

あなたはすでに大きな「金運」を授《さず》かっている

吉ゾウくんは、

「元気でありたい」

「家族で仲良く暮らしたい」

「病気を治したい」

など、あらゆる願いを叶えてくれます。


なかでも「ご利益が絶大！」と評判なのが「金運」です。

長福寿寺には「宝くじに当せんした！」「臨時収入があった！」「収入がアップした！」など喜びの声がたくさん集まります。

また「吉ゾウくん」のご利益パワーは、日本有数のお金持ちである、斎藤一人《ひとり》さんにも太鼓判を押していただいています。

そのため、斎藤一人さんのお名前と手形を「吉ゾウくん」の台座に刻ませてもらっているほどです。

心の汚れを落として金運アップ

実は、この世に生まれたからには、誰でも「金運パワー」を授かっています。

なぜなら、仏さまは、すべての人が豊かで健康、そして幸せに生きることを望んでいるからです。


ほんらい人の心は、光り輝いて「豊かさ」や「幸せ」とともにあります。

ところが、暮らしているうちに、少しずつ心に汚れが積もっていきます。

すると、ガラス玉が汚れて光を通さなくなってしまうように、本来の心がくもってしまい、持っている「金運」や「幸運」パワーを発揮できなくなってしまうのです。

そこで今回、誰もが簡単に、心を磨いて前向きなパワーで満たし、金運だけでなく全体的な運気もぐんぐん高める方法として「12カ月プログラム」を作りました。多くの方がこのプログラムを実践して、金運・幸運を大幅にアップさせています。

金運を爆上げする「吉ゾウくん」のパワー

「吉ゾウくん」にお参りする人は7年で50倍以上

私が、長福寺の「第56世住職」として務めることになり、仏さまの教えを伝える「吉ゾウくん」をお寺のシンボルにしたのが2011年。

実は、そのころの長福寺は、地方によくある、のんびりしたお寺の一つでした。お寺にお参りしてくださるのは、檀家さんがほとんどで年間およそ3000人。ところが今では、「吉ゾウくん」の評判が全国に広まり、週末などは150台停められる駐車場がすぐにいっぱいになり、お待ちいただくことも少なくありません。

２０１８年に「吉ゾウくん」にお参りしてくださった方は、その数なんと年間で15万人。

２０１１年と比べると、わずか7年で50倍以上の人が訪れてくださるようになりました。

その数は年々増え続けているのです。

ではここで、実際に「〝吉ゾウくん〟のおかげで金運がアップした！」「人生が変わった！」という人の声をご紹介しましょう。

「吉ゾウくん」のご利益　体験談

◎ハズレばかりだったナンバーズが急に当たるようになった

——木都老政之さん（通称キトロさん）

「以前は、お金にまったく縁がなかった」というキトロさん。

20代のころは、お金がなくて公園で寝泊まりしていた日々もあったとか。

10年ほど前から、「借金を返したい！」と、毎週のようにナンバーズを購入するようになりましたが、一度も当たったことはありませんでした。

そんなある日、道の駅で長福寿寺を紹介する冊子に出会います。

「金運アップなんて、おもしろそう！」とお参りに来てくださったのが「吉ゾウくん」とのご縁の始まりでした。

境内に一歩、足を踏み入れたとたん「居心地がいい！」と感じたキトロさんは、それから、年に3～4回のペースでお参りに来てくださるようになりました。

すると、1年も経たないうちに、突然、ナンバーズが当たるようになったのです。

◎「当て続ける」コツは必ずお礼参りすること

一時は、毎週のようにナンバーズが当たっていたというキトロさん。

最も多いときは、3カ月で400万円近くの当せん金を手にしたといいます。

キトロさんは、ナンバーズが当たったときはもちろん、たとえ当たらなくても「吉ゾウくん」にお礼参りに行くといいます。

そして当せん金は、貯金などにまわさず、3分の2は自分と家族のため、そして、残りの3分の1は、お菓子を買って長福寿寺で配るなど見知らぬ人のために使い切るそうです。

「〝吉ゾウくん〟のおかげで手にしたお金だから、ありがたく使わせてもらう」とキトロさんはいいます。

こんなことを繰り返すうち、最近ではキトロさんは「困ったことがあったら〝吉ゾウくん〟が助けてくれる」と、お金の不安を抱えることがなくなったといいます。

実際にキトロさんは「吉ゾウくん」とのご縁を大切にするようになってから、お子さんが病気になったり、車が当て逃げされるなど、急な出費が必要になったときには、必ずナンバーズが当せんしたそうです。

お金のめぐりがよくなっただけではありません。

厄年のときにお札を購入したら、体調がよくなったり車の事故を避けられたりしたなど「〝守られている〟と感じる」ともいいます。

また「吉ゾウくん」とのご縁が深くなればなるほど、人生で感謝したくなることが増え「ありがとう」が口グセになり、人間関係や仕事も絶好調になったのです。

◎会社の年商が1億円を達成し、奥様の病気もよくなる

――松本賢幸さん

広告代理業、メディアプロモーション事業をしている「株式会社AZEAL《アジール》」代表取締役、松本さん。

そもそもは奥さまのご病気を治したい一心で、長福寿寺に通い始められました。

当時の写真を見ると、お二人とも思い詰めておられたせいか笑顔がありません。

ところが「吉ゾウくん」とのご縁を結んだあとは、少しずつ言葉遣いがポジティブに変わっていったそうです。

また、それに従い、悩んだり落ち込んだりしていないで「大丈夫、どうにかしよう」と考え、行動できるようになっていったのです。

そうして、ものごとのよい面に目を向けられるようになると、人に対する思いやりが生まれます。

それまでは、自分のために「会社をうまくいかせよう」「成功させよう」と考えていた松本さんでしたが、一緒に働く社員や取引先の人のことを「幸せにしたい」と考えられるようになったのです。

すると、会社の経営が軌道にのり、現在では年商1億円に達しました。

さらに、ご夫婦で手を取り合って、奥さまの病気にも立ち向かった結果「ガンになる可能性がある……」とまで言われたのが、すっかり完治し、待望の第二子を授かったのです。

◎わずか5年で会社の拠点が日本全国、アジアにも広がる
――大見知靖さん

ウェブマーケティングのコンサルティング事業からシステム開発事業までを手掛けている「株式会社インファクト」の代表取締役、大見さんは「吉ゾウくん」のピンバッジが大のお気に入りです。

まずは、いつも身につけていられること、そしてキラキラの「吉ゾウくん」を目に

するたびに「自分のできることで人に喜んでもらおう」という気持ちを確認できるのがいいといいます。


長福寺とご縁ができ「吉ゾウくん」のバッジを身につけるようになったころ、仕事のターニングポイントが訪れたという大見さん。

それまで東京に1拠点だったのが、わずか5年で、ベトナム、京都、セブ、札幌と、瞬く間に、日本全国、そしてアジアにも拠点を広げることができました。


また実際に「吉ゾウくん」のピンバッジが、仕事のご縁をつないでくれたこともあるといいます。

大見さんは、仕事の打ち合わせや経営者の集まりなど、どこに行くにも「吉ゾウくん」バッジをつけていきます。

すると必ず「それ、いいね」「どこで買えるの？」と聞かれて話が盛り上がり、そこから仕事の話になることも少なくないそうです。

「吉ゾウくん」に興味を持ってくださる方には、お菓子などの手土産の代わりにバッジをプレゼントしているという大見さん。

人と人とのつながりを大切にしている大見さんの会社は、今年もさらなる展開を予定しています。

コレだけは
知っておきたい
金運アップの法則

「金運アップ」のためにコレだけは知っておきたいポイント

「お金大好き！」な人にお金は集まってくる

「吉ゾウくん」が説く、最も大切な《お金の真理》をここでお伝えしましょう。

それは、

「お金は〝お金を好きな人〟のところに集まってくる」

ということです。


「いやいや、お金を嫌いな人なんていないでしょう？」

とあなたは思うでしょうか。

でも、多くの人は無意識のうちに「お金のことを口にするのは下品」と思っています。これは金運の低い人の悪しき習慣です。

お金も、私たちと同じように心を持っています。

「口にするのも恥ずかしい」と思われていたら、お金は「嫌われている……」と感じて近づいてこないでしょう。

また、お金をほしがる人を「ガツガツして卑《いや》しい」と否定したり、お金持ちを「うまいことやって稼ぐズルい人たち」と決めつけるのも、お金を「よくないもの」と感じていることになります。

そんな人のところに、お金が寄りつくことはありません。

お金は素直にほしがる人のところに「行きたい！」と思うのです。

さらに「どうせ、私なんて宝くじ当てるのムリ！」とあきらめていたり、お金はほしいけど「100万円くらいあればいいかな」など、自分に限界を設けたりしていたら、大幅な金運アップは望めません。

吉ゾウくんは、「お金を稼ぐこと」と「楽しく生きること」はイコールだと教えています。

「お金は大切なもので、私たちの人生を明るく元気にしてくれる」

そう考えて、お金に感謝の気持ちを持つと、あなたの金運は10倍にも20倍にも大きくなるのです。

3つの心で最強の金運を手に入れる!

次の「3つの心」がパワーアップしたときに、あなたの金運は、最強最大になります。

①自分自身を信じる心
②吉ゾウくんを信じる心
③みんなの幸せを信じる心

それぞれ、どうやってパワーアップさせるのかご説明しましょう。

①自分自身を信じる心

吉ゾウくんは、「宝くじ当たらないかな～」「金運よくならないかな～」と、家でゴロゴロしながら考えている人を起こして、手を引っ張ってくれることはありません。自分から一歩、前に踏み出した人にだけ「よくやった！」と、背中をドーンと押してくれるのです。

つまり、この「12カ月プログラム」を読んだら「私にもきっとできる！」と、自分を信じてまず行動することです。

「どうせやってもムダ」「私にはできない」と考えて、何もしない人の金運が上がることはないでしょう。

②「吉ゾウくん」を信じる心

誰でも、自分の存在を信じ、感謝してくれる人がいたら、その人のために「何かしてあげたい」と思うはず。

「吉ゾウくん」、つまり仏さまも同じです。

「〝吉ゾウくん〟なんて、効果ないよね……」

と考える人よりも、

「私の金運を上げてくださる♪」

と信じ、一生懸命に教えを実践する人を応援してくださるのです。

③みんなの幸せを信じる心

そもそも金運とは、一言でいうと「吉ゾウくん」に信頼される力のことです。

「吉ゾウくん」は、あなたにお金をあげたら「まわりの人を幸せにしてくれるよね」と信じて金運をグンと高めてくださいます。

「今は、自分のことで精いっぱい！」というときに、人のことを思いやるのは難しいかもしれません。

最初は「自分の幸せ」だけでいいのです。

あなたが楽しくイキイキ過ごせるようになったら、次は、まわりの人や世の中の人が、自分と同じように幸せになるよう信じましょう。

そうすることで、お金は途切れることなくあなたに集まってくるので

信じる心があなたの金運を
パワーアップさせる

す。

宝くじが当たったら「3分の1ルール」でさらにパワーアップ！

宝くじの高額当せん者の9割は、最終的にはお金を使い果たし、悲しい末路をたどるという説があります。

でも、それは「お金が悪い」わけではありません。

せっかく宝くじが当たっても「正しい使い方」を知らないために道を誤ってしまうのです。

宝くじの当せん金など、予期せぬ臨時収入の使い方に「吉ゾウくん」が教える「3分の1ルール」があります。

①まず3分の1は自分のために使うこと。

これは「やった！　当たった！」と、飲んだり食べたり、ほしいものを手当たり次第買ったりして、ムダ使いをしろといっているのではありません。

ここでのポイントは「自分を高めるため」に使うこと。

興味のある分野の本を買う、または趣味のアロマを極めるのもいいでしょう。

ヘアサロンやネイルサロンに行って、外見を磨き上げるのでもいいのです。

「食べたい、飲みたい」「ストレス解消に買い物したい！」という欲望にまかせた消費ではなく、自分を成長させるために自己投資するのです。

②次の3分の1は、家族や友人、お世話になった方、ご縁があった方への「ご恩返し」に使います。

家族全員でのんびり旅行に行く。

なかなか会えない親友にプレゼントを贈る。

お世話になった方を食事にご招待する、などでもいいでしょう。

「吉ゾウくん」は、あなたにお金をあげたら「まわりの人を幸せにしてくれる」と信じて金運を高めてくださるとお話ししました。

宝くじが当たったら「吉ゾウくん」の期待に応えるチャンスなのです。

③最後の3分の1は「自分の知らない人」のために役立つよう使います。
「知らない人のためにどうやって？」と思うときは、信頼のおける団体に寄付をするのがイチバンです。世界中には今日食べる物が無い人、貧しくて学校に行けない子ども、災害で家を無くした人などがたくさんいます。その人たちの「お役に立つ」のです。

長福寿寺でも、スリランカの恵まれない学生たちを、定期的に支援しています。

当選金額が3万円だったら、1万円をコンビニのレジの脇に置かれているボックスに入れるのもいいでしょう。

また、旅行に出かけた場所で、お土産を買うのも、その土地の経済に貢献していることになりますから、見知らぬ人の役に立っていることになります。

ちなみに、よく、

「10万円当たったら寄付するけど、3000円なら全部使ってもいい？」

という人がいますが、こういう人は、10万円当たっても絶対に寄付しないことがわかっています（笑）。

たとえ100円でも手にしたら「吉ゾウくん」に感謝して、3分の1は見知らぬ人のために使ってください。

お金はガチガチに貯め込まない！

「3分の1ルール」はあくまでも、臨時収入に関してです。

働いて得た収入についてどうすべきかお話ししましょう。


まず、生活していくために必要な費用は確保しましょう。

そして、たとえば収入がなくなるなど「何かあったときのため」に、数カ月暮らせるだけのお金を手元に置いておくのはいいでしょう。

また、「2年後に留学したいから」「マイホームを買いたいから」などの目的があるとき、一定の金額を貯金にまわすのはとてもいいことです。

でも「お金がないと不安」「将来が心配だから……」という漠然とした不安だけで節約にはげんで、ガチガチに貯め込むのは金運をダウンさせます。

「お金」には、ぐるぐると世の中をめぐり、人や社会の役に立つという役割がありま す。

川の水は、流れている間は清らかですが、滞ると濁《にご》ってきますよね。

お金も同じです。

つまり流れを滞らせないよう、使えるお金は、できるだけ気持ちよく使ってほしいのです。

「お金は天下のまわりもの」という言葉がありますが、私は「お金は積極的に世の中にまわすもの」だと考えます。

「吉ゾウくん」の教えを実践すると、少額でも宝くじの当たるチャンスが誰にでもめぐってきます。

そのとき、先にお伝えした「3分の1ルール」を実践してみてください。

すると、次にまた必ず、金運が上がったことを知らせてくれるできごとが起こります。

それは、宝くじがまた当たるのかもしれませんし、年収が上がるのかもしれません。また誰かにほしかったものをプレゼントされるのかもしれません。

たとえどんな形であれ、あなたが「自分自身」「家族や友人、お世話になった人」そして「見知らぬ人」のために使ったお金がめぐってきたことを強く感じる機会が必ずやってきます。

「お金は世の中をめぐっている！」ことが実感できれば「お金を使うこと＝お金を失う」とは思わなくなります。

そして「お金を積極的にまわすことで、

お金は世の中をめぐっています。
積極的にまわしましょう

さらに豊かになれる」と感じるようになるでしょう。

「みんなのために、みんなとともに、自分の長所を活かして」

ここで最後に「12カ月プログラム」を実践して授かった金運を手放さず、さらに高めていくための最大のポイントをお話しします。

それは「自分の好きなこと、得意なことを活かすと、さらに金運は倍増し続ける」ということです。

「吉ゾウくん」、そして仏さまは、この世に生まれたすべての人に価値があると説いています。

そして、私たち一人ひとり、全員がそれぞれ異なる長所を授かっているとおっしゃっています。

それぞれが自分の得意や長所に気づき、生まれ持った力を活かして世の中の役に立てば、「自分自身」や「家族や友人、お世話になった人」だけでなく、数多くの「見知らぬ人」に喜ばれ、そのエネルギーがお金となってあなたのもとに押し寄せてくるのです。

ただ、私がこういう話をすると、

「私には、とてもそんな長所はありません……」

と尻込みしてしまう人も少なくありません。

でも「吉ゾウくん」がいう「得意や長所」は、なにもオリンピックに出るとか、グラミー賞を受賞するといった、ごく一部の人だけが持てる特別なものを指しているのではありません。

「おいしい卵焼きがつくれる」「絵を描くのが好き」、または「笑顔で人を元気にできる」などでもいいのです。

たとえば「とびきりの笑顔」が自慢の女性がいるとします。

この女性が、家族に「とびきりの笑顔」で接すれば、ダンナさんや子どもたちは、毎日、気持ちよく過ごせます。

その「気持ちよさ」はまわりに伝染《うつ》ります。

ダンナさんが接するお客さんや会社の部下は、幸せになるでしょう。

まわりに好かれて一生懸命働くダンナさんの年収が上がらないわけがありません。

こうして、あなたが「自分の長所を活かす」ことで、みんなを幸せにすることができ、その結果、金運は増大し続けるのです。

本書を読み進め「12カ月プログラム」を実践するときには、ゼヒ、このことを頭に入れておいてください。

この本の使い方

本書を持っているだけで金運が上がっていく

この本には「金運アップ」パワー絶大な「吉ゾウくん」の教えが詰まっています。そのためこの本を買って持っているだけで、金運は上がっていきます！

この本をお守りにして、毎日目にするたびに「金運をアップさせる！」と誓うことで、運気の流れが変化し始めます。できれば、家のイチバン目立つ場所に表紙が見えるように置いてください。読んでいないとき、家事をしながら、テレビを見ながらでも自然と目に入ってしまう場所に置くのが吉です。

でも、どうせなら金運を爆上げしたい！

宝くじを当てたい！

一生、お金に困らないようになりたい！

そう思うのであれば、ゼヒ、この本の教えをしっかり読んで「実践」してください。

この本の「12カ月プログラム」は、誰でも、確実に金運が上がるように組み立てられています。

カレンダーと同じで「1月スタート」になっていますが、何月から始めても大丈夫です！

本書を手にとったのが、4月であれば、

この本は持っているだけで、ご利益があります。目に入りやすい場所に置きましょう

4月の「キッチンを徹底的にキレイにする」ことから始めて構いません。

ただし、スタートしたのが4月であれば4月、5月であれば5月のプログラムから始め、5月→6月→7月と、順に12カ月を終えるようにしてください。

なぜなら、このプログラムは順番に行うことで効果が高まるように考えられているからです。

1年で最強の「金運体質」になる!

もう一つ大切なのは「金運がよくなったからもういいや」と、とちゅうでやめないこと。

12種類のプログラムは、ひととおり全部試してみましょう。

1年続けることで、金運を高めるためのさまざまな行動が習慣として身につくようになるからです。

最強の「金運体質」になる前にやめてしまうのは、もったいなさすぎるのです。


では、1年続けたあとはどうしたらいいのか。

すべてのプログラムを試したあとは、自分なりに、

「これ、やっていると心地よい」

「もっと、続けたい！」

と感じるものがあるはず。


一つでもいいのです。

二つ、三つ、またはそれ以上あれば、全部でも構いません。

自分に合い、続けられるものを極めていきましょう。

「ラッキーアイテム」には気持ちを込める

「12カ月プログラム」では「毎月のラッキーアイテム」をご紹介しています。

ただし「吉ゾウくん」が教える「ラッキーアイテム」とは、言葉を変えた「お守り」だと思ってください。

よく星占いなどの最後に取り上げられている「ラッキーアイテム」とは、扱い方が違うのです。

1月の「ラッキーアイテム」である「お守り」そのものを例にあげてご説明しましょう。

お守りは、買っただけで「運がよくなる！」と信じる人が少なくありません。

でも残念ながら、お守りそのものにご利益が詰まっていて、持っているだけで願いが叶うわけではないのです。

「吉ゾウくん」は、金運アップ、そして運勢好転のパワーを強力に発信しています。

たとえていえば、テレビやW・i-F・iの電波のようなものです。

私たちの目には見えないけれど、そのパワーは常に飛び交っています。

でも電波をキャッチするためにはアンテナが必要です。

「吉ゾウくん」のパワーをうまくキャッチするための「アンテナ」が、お守りなのです。

そのためお守りは、買ったら引き出しにしまい込まないで、毎日、持ち歩いたり、目につくところに置いておくことが大切です。


また、テレビやW・i-F・iの電波は受信するだけでは、画面に何も映し出しません。

手元で、希望のチャンネルに合わせる。

やりたいことに応じたアプリを使う。

そうして、電波を受け取った私たちが、自分から行動することで初めて何かを受け取ることができます。
お守りも同じです。
毎日、目にしたら「金運アップ」の願いを込めること。
そうして初めて、祈りのエネルギーが宿り、願いを後押しするお守りになるのです。

つまり「ラッキーアイテム」も、そのアイテムが幸運を運んでくれると信じ、祈りの心を深めることで、エネルギーが宿った、ホンモノの「ラッキーアイテム」になるのです。

12カ月プログラム

★

1月

初詣で「今年こそ!」金運アップを誓う

1年のスタートは初詣でダッシュをかける

始まったばかりの1年の金運をググッと底上げするために、1月にやるべきことは「初詣」です！

「初詣」は、なんとなく毎年、友人と行っている。家族の行事だから、近所の神社に出かけるのが習わし。そんな人も少なくないでしょう。

でも「金運爆上げ」を狙うなら、気合いを入れてお参りをしてください。

では、気合を入れて初詣に行くには、どんなところを選んだらいいか、カンタンにご説明しましょう。

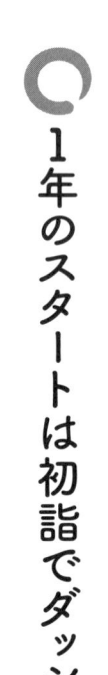

◎お参りするのはお寺？　神社？

お参りするのは、お寺でも神社でも大丈夫です。

そもそも日本では「神仏習合」の考えがあり、奈良時代から寺院と神社が一緒に祀られていました。

明治維新にともない、政治的な思惑などから分離が進んだだけですので、自分が「行きたい！」と思う、お寺や神社に行けばいいのです。

◎家の近く？　それとも有名な神社に行くべき？

初詣をするのは「有名なところがいいでしょうか」「それとも、地元のお寺がいいでしょうか」という質問をよく受けます。

選ぶ基準は、たった二つ、「キレイなところ」、そして「にぎわっているところ」です。

まず「キレイなところ」とは、すみずみまで手入れが行き届いているという意味です。

細かい点まで心配りができている神社仏閣には、仏さま、神さまから信頼されている住職さんや神主さんがいます。

つまり、願いを叶えてくれるパワーがあるということです。

次に「にぎわっているところ」がなぜいいかといえば、人が多く集まり、たくさん祈りを捧げている場所は、祈りのパワーが増大し、仏さま、神さまに届きやすくなるからです。

もちろん「金運アップ」を目指すなら長福寿寺の「吉ゾウくん」とご縁を結べば、ご利益は絶大です。

お参りするのは、できれば三ヶ日がいいでしょう。

その年1年間の金運アップを願うのですから、一日でも早いほうがいいに決まっています。

またもし、三ヶ日に行けないときでも、「松の内」といわれる1月7日ごろまでには行きましょう。

願いを叶える究極の「心はこび」

「今年こそ、宝くじが当たりますように……」
「お給料がアップしてほしいです！」
初詣では、こんな風にお願いする人が少なくないでしょう。

でも実は、初詣では「お願い」するのではなく「お誓い」をするのが、金運をアップさせる最大のポイントです。

「お誓い」とは、仏さまに「必ず実行します」と固く約束すること。

では「今年こそ、宝くじを当てます！」、もしくは「お給料アップさせます！」と宣言すればいいのかというと、少し違うのです。

「吉ゾウくん」がどんな「お誓い」なら喜んで応援してくれるか、ご説明しましょう。

もし、あなたが宝くじを当てたいのであれば「なんのために？」と、一度考えてみてください。

「一戸建てに住みたいから」「ハワイに行きたいから」でもいいでしょう。

理由もなくただ「宝くじを当てます」というより、よほど決意が「吉ゾウくん」に伝わります。

さらに、しっかりした目的とともに宣言すれば、自分自身も「今年こそ！」とやる気になり、なんらかの行動に結びつくはずです。

ちなみに、目的は「宝くじを当てる」↓「ハワイに行きたいから」↓「ホエールウォッチングがしたいから」のような個人的な願望でも構いません。

そして、さらに「願いを叶える力を強力にパワーアップしたい！」と思ったときの裏ワザがあります。

それは、もう一度「なんのために？」と自分に問いかけることです。

たとえば「宝くじを当てる」→「一戸建てに住みたい」→「家族みんなでのびのびと暮らせる場所がほしい」→「子どもたちが大きくなるから」という答えが浮かんだとします。

「子どもたちが大きくなるので、家族みんなでのびのびと暮らせる一戸建てに住みたいから、宝くじを当てます」

こんな「お誓い」であれば「自分だけの楽しみ」よりも多くの人の幸せにつながりますから、

初詣は長年日本人に親しまれてきた
金運を上げる知恵なのです

さらに叶えてもらいやすくなるでしょう。

つまり、「自分だけの楽しみ」ではなく、より多くの人が幸せになれるお誓いならば、「吉ゾウくん」が強力にバックアップしてくれるのです。

「吉ゾウくん」は、これが「お誓い」するときの「心はこび」だと教えています。

なぜ「心構え」ではなく「心はこび」という言葉を使うかというと、「心構え」とは、単に「心の準備」ということであり「そう思っているだけ」というニュアンスがあるからです。

一方で「心はこび」であれば、誓ったことを必ず実践するという意味になるのです。

初詣のご利益をMAXにするお参りのやり方

初詣に行ったら「お誓い」をすること。

それ以外に、ご利益をＭＡＸにするお参りのポイントをお話ししましょう。

◎お辞儀のしかた

一般的にお参りの作法として、神社では「二礼二拍手一礼」、お寺では「合掌一礼拍手なし」といわれています。

でも実は、手を打ったりお辞儀をしたりする回数や順番を間違えても、まったく問題ないのです。

「でも、なんか失礼な気がする……」

「間違えるとバチがあたりそう」

と考える人がとても多いのですが、心配しなくて大丈夫です！

ほんとうに大切なのは「吉ゾウくん」、そして神仏を敬う心です。

あなたにとって「大事な人」と接するように振る舞えば間違いはありません。

心を込めてお参りをしていれば、必ず仏さま、そして「吉ゾウくん」には伝わりますから、自分の心地よいやり方でいいのです。

◎お賽銭

もしあなたが、ダンナさんや上司にお金を渡すとしたらどうするでしょう。まさか、投げつけたりはしませんよね？

「吉ゾウくん」、そして仏さまにお賽銭を差し上げるときも同じです。

1円玉や5円玉を、お賽銭箱に投げ入れて、ご加護をいただこうとするのはムシがよすぎるのではないでしょうか（笑）。

お賽銭とは「お布施《ふせ》」であり、感謝の気持ちを表すためのものです。

「お金をあげる」「恵んでいる」という心では、どれだけ真剣に誓っても仏さまには届きません。

「〝お布施〟をさせていただいている」という気持ちを忘れないようにしましょう。

そして、あなたが真剣に「金運アップ」を望んでいるなら「ちょっとイタい金額」をお供えしましょう。

「ランチ代を1週間削って貯めた3500円」「洋服を買おうと思っていた5000円」など、人によって「ちょっとイタい金額」は異なるでしょう。

でも、思い切って「ちょっとイタい金額」を入れることで、神仏を信じる心、祈りの心、そして感謝の心が深まり、初詣のご利益が最大級に高まるのです。

また、ここで「氣学」をもとにした、金運、財運をググッと上げてくれる、ラッキーナンバーをご紹介しましょう。

・1500円　人気・名声、家庭運
・2400円　健康運、異性運、仕事の成功
・3100円　学業・仕事運、才能開花

・3200円　出会い運、新しいチャンス
・5200円　ひらめき・アイデア、先見性

いずれも金運には非常に大きな効果がある数字です。
そして、さらにここであげたような、ほかの運も上げてくれる効果があります。
目的によって選んで、お布施をしてみてください。

◎絵馬

せっかく初詣に出かけたなら、ご利益が強力にパワーアップする「絵馬」は必ず書きましょう。
心のなかで「お誓い」をするだけでなく文字にすることで、願いが心に深く刻み込まれ、叶う確率が倍増します。

絵馬を書くときのポイントは、

①1枚の絵馬には願いは一つ。
「あれも、これも！」と欲張って詰め込むと「吉ゾウくん」だって、どれを叶えたらいいのかわからなくなります。

②「お誓い」と同じように「具体的」に、そして「理由を添えて」書いてください。
たとえば「一戸建てに住みたいから、宝くじを当てます！」などと書くといいでしょう。

そして、絵馬を書き終わったら、もう一度深く祈りましょう。

ラッキーアイテム

↓

お守り

◎「ご利益絶大」お守りは必ず手にしよう

「お守り」は、単なる「アクセサリー」や手軽に願いを叶えてくれる「便利グッズ」ではありません！

神仏のご利益をいただくために「授与《じゅよ》」していただくものです。

お金を払って「買う」ものではなく、お金を奉納して「授与」していただく。

この気持ちを持つことで、いただけるご利益がはるかに大きくなります。

またお守りを授与していただくときは、笑顔を絶やさないようにしましょう。

しかめっ面やしょぼくれた顔で、暗～い波動を出していると、ご利益の少ないお守りが吸い寄せられてきます。

「笑顔」でお守りを手に取る。
「笑顔」で係の方に手渡す。
「笑顔」でお金を納める。
「笑顔」でお礼をいう。

満面の笑みでいるときにお守りを授与されることで、最高のご利益を受け取ることができます！

また、初詣に出かけて授与していただいたお守りは、いつも持ち歩くようにしてください。それが無理ならば、目に付くところに置いてください。

お守りの存在を、日々、目にすること

長福寿寺お守り紹介

僧侶一同で強く祈願した、長福寿寺の最強お守り「最強大金運守り」

で、私たちの祈りの心は深まります。

すると、「吉ゾウくん」や仏さまからどんどん送られてきているご利益を受け取るアンテナの感度がグンと高まります。

そうして、よりたくさんのご利益を受け取れるようになるのです。

◎お守りは1年ごとに取り替える？

こうして「金運アップ！」と気合いを入れて手にしたお守りも、日にちが経つと、手にする回数が少なくなりがちです。

そんなときは心機一転、新しいお守りに取り替えましょう。

これこそが、ご利益を増大させるポイントです。

替えるタイミングは、初詣に限りません。

仏さまのご縁日や自分の誕生日でもいいのです。

ただし、いくら古いからといって、お守りはあくまでも「授与品」です。ゴミと一緒に捨てるのは、絶対にやめてください。

古いお守りは「これまで、ありがとうございました」という気持ちを込めて、授与していただいた神社仏閣に、お賽銭とともに返納しましょう。

どうしても直接行けない場合は、お礼状とお気持ち（奉納金）を添えて、授与していただいた神社仏閣に送ってください。

金運アップのじゅもん

宝くじが当たったら何をする？

「吉ゾウくん」の「12カ月プログラム」では毎月必ず「金運アップのじゅもん」をご紹介します。

「金運アップのじゅもん」は、紙に書き出し、目につくところに貼っておくといいでしょう。

そして、一日の始まり、仕事や家事の合間、夜にリラックスしているときなど、気づいたらいつでも心のなかで唱えてください。

まわりに人がいなければ、声に出してつぶやくのもいいでしょう。

よい言葉は、繰り返し唱えることで、実際の行動に結びつけることができます。なんどもなんども、じゅもんを唱えることで、願いを叶える速度が2倍にも3倍にもスピードアップするのです。

◎1月のじゅもん

1月は、まず、

「宝くじが当たったら何をする?」

という質問に答えてみてください。

当せんを目指す金額にもよりますが、

「松阪牛を食べきれないほど買って、すき焼きパーティを開きます！」

「田舎に住む、おじいちゃん、おばあちゃんを連れて温泉に行きます！」

「趣味のアロマでマッサージするサロンを開いて、たくさんの人の疲れを癒す♪」


など、思いつくものをいくつも書き出しましょう。

そしてそのなかで、最も実現させたいことを選び、1月の「じゅもん」にします。

「宝くじを当てる」ことではなく、当たった金額で何をしたいかを、「じゅもん」にするのがポイントです！


旅行に行きたいと思ったら、まず「ミラノに行きたい！」「台湾に行きたい！」と決めてから空港に行きますよね。

空港に着いてから「どこに行こう？」と考える人はいないはずです。

「宝くじが当たったら何をしたいか」は、旅行先を決めるようなもの。

それが決まらなければ「宝くじが当たる」という道のりも実現しないでしょう。

決めた「じゅもん」は、メモに書いて持ち歩き、毎日、時間があるときに心のなかでつぶやいてみましょう。

札束でできたベッドに寝ることができても、嬉しいのは一瞬です（笑）。

お金というのは、あくまでも「楽しくイキイキとした人生を送る」ためのツールなのです。

そのお金で何をしたいかを決める。

そして、願いが叶ったときの嬉しさをイメージすることで、お金はグイグイ引き寄せられてくるのです。

まとめ 1月

◎三ヶ日までに初詣に必ずいく

◎初詣では、「お願い」をしてはいけない。
「お誓い」をする

◎ちょっとイタい金額のお賽銭を用意する。
1円玉、5円玉は入れない

◎文字にすると願いが叶う確率がアップ。
絵馬は必ず書く

ラッキーアイテム

お守り

金運アップのじゅもん

「宝くじが当たったら、何をする?」

12カ月プログラム

2月

トイレをピカピカにして金運を目覚めさせる

トイレ掃除は「心を磨く」絶好のチャンス

お金があなたを目指してどんどん集まってくるように、2月はトイレを徹底的に磨き上げます！

「吉ゾウくん」、そして仏さまは、掃除が「心を洗い清め、金運をアップさせるベストな方法」だと説いています。

なぜ、掃除で心を清めることができるのか。

「泥水」と「清水」の例でお話しするとわかりやすいかもしれません。

泥が混ざった濁り水が入っているコップがあります。

この泥水をキレイにしようと、そこに清らかな水を注いだらどうなるでしょう。

コップにあふれるくらい入れても、濁りが薄まるだけですね。

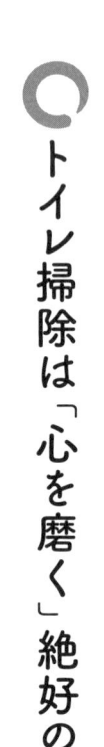

ところが、泥水をコップからいったん捨てて、そこに清らかな水を入れてみるとどうでしょう？

さっきより、ずっとクリアな水になるはずです。

心に泥が積もっていたら、いくら「吉ゾウくん」のご利益を注いでもなかなか受け取ることができません。

そこで、私たちの心をくもらせる「泥」を洗い流し、ご利益をたくさん受け取るために行うのが掃除なのです。

僧侶の修行も「掃除に始まり、掃除で終わる」といわれるぐらいに「掃除」が重要視されているのはそのためです。

しかもトイレは、私たちの排泄物を受け止めてくれる場所。

汚したままにしておくと「悪い気」がたまりやすく、金運がガックリ下がります。

いつもキレイに保つことで、金運、そして家のなかの運気全体を高めることができるのです。

なぜ、トイレ掃除をすると確実に金運がアップするの？

よく「お金持ちは、トイレをピカピカにしている」「社長がトイレ掃除をする会社は成功する」などといわれます。

でもなぜ、トイレと金運がそれほどまでに結びついているか、不思議に思う人もいるでしょう。

「トイレと金運」の関係を、仏教的な考えから説明しましょう。

ウンチは「タダであげる」といっても誰もほしがらない究極の「いらないもの」。

そんなウンチに対して感謝し、排泄物を受け止めてくれるトイレをキレイにするのは、非常に効果的な「洗心《せんしん》」（心を洗い清めること）です。

そのため、トイレを磨き上げる人は、心の泥を早く落とすことができるのです。

また、ウンチは人間のカラダで「排泄」という、とても重要な役割を担っています。

ウンチが出なければ、代謝物や栄養を吸収したあとの食べもののカスなど、不要なものがカラダにたまってしまいます。

皆さんが「いらないもの」と思っているウンチにも、大きな役割があることを悟れば、自然と「この世の中に、いらないものなんてない」という仏さまの教えがわかります。

つまり、今あるものや人、あらゆること

トイレを磨くことは、心の
汚れを早く落とすこと

に感謝できる清らかな心が生まれるのです。

そして「吉ゾウくん」から「この人なら！」と認められ、金運を授けられるのです。

トイレ掃除の「強化月間」と考えて徹底的にキレイにする

「トイレ掃除は定期的に行っているけど、金運は変わらないよ？」という人も少なくありません。

そんな人は、家事の一つとしてなんとなくすませていないか、また「イヤだな～」と思いながら、シブシブ最低限の掃除で終わらせていないか、振り返ってみましょう。

そしてもし、トイレ掃除に気持ちを込めていなかったのであれば、チャンスです！

今日からすぐに「金運アップのチャンスをいただいた！」と考え、徹底的にキレイにしてみてください。
トイレを徹底的に磨き上げるようになると、金運は確実にアップします。

トイレのカタチや設備などによって掃除のやり方は異なるでしょう。
でも、大切なのは、普段、やっていないところまで磨き上げること。
たとえば、水がたまるタンクのなか。
トイレの構造を支えるネジの裏側。
ウォシュレットで水が噴き出すところ。
トイレの床はもちろん、壁まで磨いてあげましょう。

2月はトイレ掃除の「強化月間」と考えてください。
「金運アップのチャンス♪」と思えば、進んでトイレ掃除をしたくなるはずです。
ただし、忙しい日々のなか、毎日、そこまでキレイにしなくても大丈夫です。
たとえば、毎朝、3分早起きして、トイレ全体をさっと拭《ふ》き浄《きよ》める。

そして、徹底的に掃除をするのは、3日に1回でも、1週間に1回、曜日を決めて行うのでも構いません。

「トイレ掃除をさせていただいている」という気持ちで実践すれば、その気持ちは必ず「吉ゾウくん」に届きます。

外出先でも手を洗ったらサッと一拭きする

掃除以外で、トイレの環境を整えて「金運を高めるコツ」についてお話ししましょう。

①トイレのフタは閉める

まずは、使用後の便器のフタは閉めること。

トイレの厄災は、便器のなかにたまります。

厄災がほかの部屋にも出ないように、フタはきちんと閉めてください。

②トイレには専用のスリッパを用意する

また、トイレでは専用のスリッパを履きましょう。

部屋履きとはしっかり区別することで、トイレの厄災を外に持ち出さずにすむのです。

③雑誌など余分なものは片付ける

トイレにムダなものを置きすぎるのも厄災をためる原因となります。

雑誌などは置きっぱなしにせず、トイレットペーパーや掃除道具もキチンと片付けましょう。

そして、磨き上げたトイレの北か北東に、清めのエネルギーを持つ「盛り塩」をすると、さらに金運がアップします。

④男性は座って用をたす

男性の方には、座って用をたすようにお願いしています。

なぜなら、立ったままで用をたすと、周囲の床や壁、50センチ四方にまで汚れが飛び散るといわれているからです。

こうした目に見えにくい汚れが積もると、金運は知らず知らずにダウンします。


また、金運ばかりではありません。

掃除をしてくれる家族を思いやる心があれば、立って用をたそうとは思わないはず。

たとえ家族でも、トイレをきっかけにお互いのことを考える。

そんな気持ちが湧き出てくれば、トイレ掃除の効果はより一層高まるでしょう。

⑤外出先でも使ったらキレイにする

自宅のトイレでは汚れないよう気を配れても、外出先でトイレに入ったとき、

「誰かが掃除をしてくれるだろう」

と、自分で汚したものを、そのままにしていませんか？

汚れをそのままにするのは、自分勝手な振る舞いであり、心の汚れであるといえます。

後から使う人、そして掃除をしてくれる人のことを考え、サッと一拭きするのが「慈悲《じひ》」の心。

トイレのなかだけでなく、洗面所でも、手を洗った水しぶきや、抜け落ちた髪の毛などをキレイにしてください。

そうすることで、心をどんどん浄化し、金運を味方にすることができるのです。

ラッキーアイテム

↓トイレに飾るアートフレーム

トイレをピカピカに磨き上げたら、ウンチをするたびに感謝をしましょう。

もちろん、ウンチそのものに感謝をしてもいいでしょう。

でも、汚物を直接見るのは……つらいですよね。

そこで、長福寿寺では「吉ゾウくん金運増大の掛け軸（トイレ用）」という掛け軸を用意しています。この「掛け軸」をトイレにお奉りし、用をたしたあとに「ありがとう」というのです。

その感謝の心が金運を高めてくれるのです。

長福寿寺お守り紹介

トイレでお祈りができる、当せんパワー倍増の「吉ゾウくん金運増大の掛け軸（トイレ用）」

しかし、必ずしも「吉ゾウくん」の掛け軸でないとご利益がないわけではありません。

2月のポイントは、トイレを徹底的に掃除することで心を清め、感謝の気持ちを高めることです。

あなたが謙虚な気持ちになり、心を込めて祈ることができるもの。トイレに飾って、感謝の心を伝えることができるもの。

そのためには何がいいかと考え、ここでは狭いスペースでも置くことができる「トイレに飾るアートフレーム」としています。

自分の好みの絵や仏さまのお言葉、また今月の「じゅもん」でもいいのです。額縁に入れて飾り、トイレに入るたびに目をとめて、自分のウンチにいう代わりに心をこめて「ありがとう！」といってください。

金運アップのじゅもん

↓

自分の出したものに感謝する！

2月は、あなたの心をさらに磨き上げ、金運を倍増させる「じゅもん」です！

トイレに入るたびに唱えてください。

「オン・クロダノウ・ウンジャク・ソワカ」は、不浄なものを清らかにする仏さまのご真言《しんごん》です。

このご真言とあわせて、

「ウンチさん、ありがとう！」

と、ウンチに感謝しましょう。

「オン・クロダノウ・ウンジャク・ソワカ」「ウンチさん、ありがとう！」

と唱えてください。必ず金運が上がります。

まとめ

2月

◎トイレ掃除は心を洗い清める最強の方法

◎「させていただいている」という気持ちで掃除をする

◎トイレの厄災は、便器のなかにたまる。フタは必ず閉める

◎男性は立って用をたさない。汚れが積もってしまう

◎自分のウンチに感謝する

ラッキーアイテム

トイレに飾るアートフレーム

金運アップのじゅもん

「オン・クロダノウ・ウンジャク・ソワカ」

「ウンチさん、ありがとう！」

12カ月プログラム

★

3月

「お金の神さまに選ばれる!」玄関にする

玄関は「金運」の出入り口

3月は「お彼岸ウィーク」があるので、特に願いが叶いやすくなる時期です！お彼岸が来る前に「金運」の出入り口である玄関をキレイにして、「お金の神さま」にまっ先に訪ねてきてもらいましょう。

春の「春分の日」、そして秋の「秋分の日」を中日とし、前後3日間をあわせた1週間を、仏教では「お彼岸」と呼びます。

「彼岸」とは仏教用語であり、悟りを意味します。悩みや煩悩を一つ一つ解消しながら、悟りにより近づけるよう、修行をする時期が「彼岸」なのです。

仏教では、「彼岸」は西にあるとされています。

そのため、太陽が真東から昇り真西に沈む「お彼岸ウィーク」は、「悟り」に最も近づく時期だと考えられています。

だから「お彼岸」に、ご先祖さまの供養をするようになったのです。

お彼岸の時期は、誰しもが太陽が向かう先にある「悟り」に近くなります。

そのため、仏さまに祈り、掃除や整理整頓などの徳を積む行動をとることで、願いが叶いやすくなるのです。

こんなスペシャルな時期に「金運アップ」の準備をしないわけにはいきません！

3月になったら玄関をキレイに掃除して、金運・幸運をしっかりとお迎えしましょう。

掃除のやり方に決まりはありません。

ただし、普段は手の届かない、すみからすみまで徹底的にキレイにするのは、2月の「トイレ掃除」と同じです。

掃除に没頭すると、モヤモヤとした考えから離れ無心になることができます。無心になるのは「泥水」のたとえでいえば、濁りの原因である泥を先に取り除くようなもの。

つまり、より早く心を清らかにすることができるのです。

玄関にたまったホコリや砂をとって、水ぶきやモップで汚れを落としましょう。

また、あなたは、いつ、シューズボックスのなかを掃除したでしょうか?

クツ箱のなか、傘立ての水受けなども、あわせてキレイにしてあげましょう。

「これで、お金の神さまが来てくださる♪」

と考えれば、自然と「玄関掃除をさせていただいている」という気持ちになります。

玄関をキレイにすれば、あなただけでなく、その家に住む全員の金運がアップしますから、本気で取り組んでください。

「1回3秒のクツ整理」でお金の神さまを味方にする

せっかく掃除をして心を洗い清めたら、さらに脱いだクツをきちんと揃えて、玄関と心を整えましょう。

クツを脱いだとき、ささっと揃えるだけなら1回3秒でできます。

また、履かないクツはシューズボックスにきちんと片付けておいてくださいね。

ここでよく聞くのが、「子どもがクツを揃えないんです……」という悩みです。

いくらご両親が「金運アップ！」と思っていても、子どもたちはお構いなし。

クツを脱ぎ散らかして部屋に駆け込んで行きます。

「クツを揃えなさい！」

と怒鳴りたくなる気持ちはわかります。
でも、決して怒ったり声を荒らげたりしないでください。
黙って自分のクツを揃え、そして、子どもたちのクツも揃えてあげてください。
「でも、それじゃ、子どもたちはいつまでたっても自分でクツを揃えないのでは？」
という心配はいりません。
まず、親が見本を示す。
そうすることで、子どもの魂に訴えかけます。
少し時間はかかりますが、こうすることで、

たった3秒の心がけで、吉ゾウくんに好かれるようになる

確実に子どもたちの行動が変わります。

そして、必ず家族全員の金運がアップするのです。

年に1回は持っているクツを総チェック！

なんとなく捨てられないで、シューズボックスに眠っているクツはありませんか？

3月は、玄関の掃除と同時に、持っているクツを総点検しましょう。

◎3年間履いてないクツは処分する！

「もしかしたら、いつかは履くかも？」

「気に入って買ったのだから……」

「高かったし……」

と取っておいても、洋服と同じで、3年間手にしなかったクツはおそらく二度と履くことはないでしょう。

なぜなら、履く気にならないクツは、すでにあなたに対しての役目を果たしているからです。

流行に関係なく履けるフォーマル用のクツを除き、3年間履いていなかったクツは思い切って、

「これまでありがとう!」

と処分してください。

今のあなたに必要ないものと気持ちよくお別れをすることで、新しくいい運気を呼び込むことができるのです。

◎カビが生えたクツは捨てる!

一般的にシューズボックスは、日当たりが悪く湿気が多い場所に設置されていることが多いもの。

そのため、クツにカビが生えてしまうことも少なくありません。

もちろん、クリーニングに出せばキレイにカビを落としてくれます。

でも、一度でもカビが生えてしまったクツは、またカビが生えやすくなるのは事実です。

「もったいない……」と思うかもしれませんが、カビが生えたクツは、キッパリと捨ててしまいましょう。

そして、次からは、クツをこまめに干したり、乾燥剤を使ったりして、カビが生えないように心がけてください。

「カビを生やさない！」と意識した行動が、コツコツと金運を育てるのです。

◎カカトのすり減りから姿勢と金運の関係を知る！

クツを一つ一つ、よ〜くチェックすると、カカトにキズがあったり、すり減っていたりすることがあるかもしれません。

気に入ったクツで修理してでも履きたいときは、しっかりと手入れをしてあげましょう。


また、あなたのクツのカカトは、外側や内側だけが極端にすり減っていませんか。

私は、毎日のようにたくさんの人と接しますが、脱いだクツのカカトがどちらかに傾いて減っている人は、うつむきがちで姿勢が悪いことが多いと感じています。

そして、姿勢が悪いと、金運も大幅にダウンしてしまうのです。


ではなぜ、姿勢と金運が関係しているのでしょうか。

仏教には、悟りに達するために行う「八正道《はっしょうどう》」という8つの修行があります。

なかでも「正見《しょうけん》」、つまり、ものごとを正しく見て、正しく判断することは仏教の基本だといわれています。

ものごとをありのままにとらえ、適切な判断を下すためには、落ち着いた心でいなくてはなりません。

そして、心を安らかに保つためには、呼吸が深くなければならないのです。

さあ、ここで、姿勢と金運の関係が出てきます。

背中が丸まって姿勢が悪いと、肺が圧迫されて浅い呼吸しかできなくなります。

人は「ハァハァ」と浅い呼吸を続けていると、気持ちが落ち着かず、不安になります。

お腹まで空気を吸い込む深い呼吸ができなければ、個人の感情や固定観念に縛られた考えに偏りがちになります。

つまり、心がくもってしまうため、金運が落ち込んでしまうのです。

姿勢がよく、正しく歩いている人のクツは、つま先とカカト全体がまんべんなく減っているといわれています。

カカトの減り方のバランスが悪い人は、日頃の姿勢にも気を配り、金運を底上げしていきましょう！

ラッキーアイテム

↓盛り塩

塩には、その場の邪気を吸収し、清めてくれる働きがあります。

玄関をピカピカに磨き上げて、お金の神さまに来てもらえる準備が整ったら、最後に盛り塩をして家の入り口を清浄な気で満たしましょう！

◎盛り塩のやり方

①盛り塩に使う塩は、成分が調整された食卓塩ではなく、自然な製法でつくられた天然の塩を選びましょう。

②適当なサイズ（直径5センチ程度）の皿に、大さじ2〜3杯分の塩を円錐形に盛ります。

③玄関の隅に、左右一対、2カ所に盛り塩を置きましょう。

◎盛り塩の交換頻度は？

よく「盛り塩は毎日取り替えなければならないのか」と聞かれます。

盛り塩は、毎日、替える必要はありません。

毎日、目にして祈りを込める。

そしてご自身が「そろそろ、新しいものに替えたい」と思ったときに、交換すればいいのです。

ちなみに、長福寿寺で販売している盛り塩「黄金塩」は、袋に入っています。そのため、それほど頻繁に交換する必要はありません。

ただ、いくら袋に入っているからとはい

長福寿寺お守り紹介

金運を招く、盛り塩として活用できる「黄金塩」

え、邪気を吸った盛り塩は少しずつ疲れてご利益が減っていきます。

3カ月に1回は新しいものに替えてあげましょう。

また、盛り塩によって空間の気が清められれば、それは、あなたの気が清められたのと同じことです。

玄関だけに限らずに、トイレやリビングなど「盛り塩を置きたい!」と思ったら、置いてみましょう。

金運アップのじゅもん

3月は、自分で脱いだクツ、そして子どもたちが脱いだクツを揃えるたびに、

「クツを揃えると心が整います。心が整うと金運がグングンとアップします!」

と、唱えてください。

↓

お金の神さまに家に来ていただこう!!

そして、キレイになった玄関に、お金の神さまに来ていただきましょう！

「トイレの神さま」「お金の神さま」も本当は仏さま

また、ここで一つ、お伝えしておきたいことがあります。

もしかしたらあなたは、

「2月は〝トイレの神さま〟で、3月は〝お金の神さま〟？　誰に祈ったらイチバン効果があるの!?」

「お金の神さまは〝吉ゾウくん〟じゃないの？」

と混乱したかもしれませんね。

わかりやすく説明すると「トイレの神さま」も「玄関の神さま」も、4月に出てくる「キッチンの神さま」も、すべて、仏さまの分身です。

そして「吉ゾウくん」も、仏さまの分身です。

ですから本来は、すべて「吉ゾウくん」にお祈りすればいいのです。


ではなぜ、「トイレの神さま」や「キッチンの神さま」など、別の存在として説明しているのか。

それは、仏さまや「吉ゾウくん」を「修行をした人だけが近づける」ような遠い存在に感じる人が多いためです。

「吉ゾウくん」が誰のそばにもいてくださる、そして、一人ひとりの願いを叶えようとしてくださることをわかりやすく伝え、身近に感じてもらうためにそうしています。

たとえ「トイレの神さま」と呼ぼうが、「キッチンの神さま」と呼ぼうが、そもそも仏さまの分身ですから、真剣に祈りを深めている人の願いは、必ず届きます。

安心して、どんどん祈っていきましょう。

まとめ 3月

◎玄関は金運の出入り口、いつもキレイに掃除をしておく

◎1回3秒のクツ揃えで心を整える

◎年に一度は靴箱をチェックして、3年使っていない靴は捨てる

◎カカトが極端にすり減っている人は日頃の姿勢を正して金運アップ

◎「トイレの神さま」「玄関の神さま」はすべて仏さまの分身、そして「吉ゾウくん」も仏さまの分身

ラッキーアイテム

盛り塩

金運アップのじゅもん

「クツを揃えると心が整います。心が整うと金運がグングンとアップします!」

12カ月プログラム

4月

お金をザクザク生み出すキッチンにする

金運の総量は決まっていない、育てることで増えていく

ここまでの3カ月、心を込めて実践してきたあなたには、強力な金運の土台が築かれています！

友人にあるものを買う話をしたら「貸してあげる」といわれた。
予期しなかった税金が戻ってきた。
何げなく買い物をしたお店のくじ引きで当たった。
コーヒーやランチをおごってもらった。

「12カ月プログラム」をスタートしてから、こんな変化はありませんか？
こうしたことが起こっていたら、間違いなく、金運がアップしているサインです！

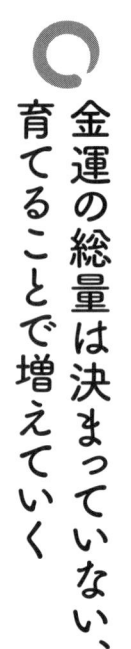

でも多くの人は、こうした「ラッキー♪」なできごとがあっても「金運が上がっている！」と喜ばず、反対に「こんな小さなことで金運を使ってしまったのでは!?」と不安になります。

なぜなら、無意識のうちに「人が一生の間に得ることができる金運の総量は決まっている」と考えているからです。

「吉ゾウくん」は、そうはおっしゃっていません。

「吉ゾウくん」は、金運は決まった量を与えられているのではなく、育てることができるものだとおっしゃっています。

金運を育てるためには、心を清めてほんらい持つ金運パワーを輝かせ、

①自分自身を信じる心

②吉ゾウくんを信じる心

③みんなの幸せを信じる心

この3つを深めていけばいいのです。

ラッキーなできごとが起こったら「金運が上がっている！」と素直に喜びましょう。そして「金運がアップしています！　ありがとう！」と、仏さまや「吉ゾウくん」に感謝すれば、さらに金運が大きく育っていくのです。

金運を増大させるキッチンの3原則とは!?

さあ、では、もっともっと金運を育てるために、4月はキッチンをキレイにしていきましょう！

キッチンはお金を生み出す重要な場所。

しかし、調味料や食材、そして食器など、さまざまなものがあり、家のなかでも雑然としやすい場所です。

キッチンが汚れていると金運が流されてしまうので要注意！

そこで、キッチンをキレイにして「金運を増大させる3原則」です！

◎原則1 「ためない」

キッチンで最もためてはいけないもの、それはゴミです。

ゴミには悪い気がたまりやすいため、放置しておくと金運がガタ落ちします。

よく、ゴミ袋をベランダに積み重ねている人がいますが、金運アップを願うなら絶対にやめましょう。

ゴミはこまめに捨ててください。

ゴミ以外にも、消費期限が切れた調味料や冷凍食品などが、冷蔵庫に入っていませんか。

また、洗い物がシンクに積み重なっていませんか。

スーパーのレジ袋が、流しの下にあふれていませんか。

よぶんなもの、不要なもの、そして汚れているものは、速やかに洗ったり処分してください。

たったそれだけで、キッチンの神さまが喜び、金運を上げてくれます。

◎原則2　「見せない」

洗い物をしたまま、カゴに置きっぱなし。

そして、次の食事のときには、カゴから食器を取り出して使う。

もしあなたが、こんなことをしているのであれば、今日からすぐにやめてください！

乱れたもの、つまりカゴに積まれた食器を目にしたとき、心は清らかにも安らかにもなりません。

つまり、金運がアップすることはないのです。

実は、お寺には「収納棚」のようなものはありません。

でも、大きさを揃え順に並べて片付けてあるものは、まるでオブジェのように整然としています。

つまりここでいう「見せない」とは、作業を途中で中断したままにしたり、整頓せずに雑然としたままのものを放置しないということです。

使った食器は、洗ったらすぐに拭いて、あるべき場所に戻しましょう。

特に、包丁などの刃物は、神聖なものであり「不運を断つ」と考えられていますので、出しっぱなしにせずにキチンとしかるべきところに収納してください。

また、半年前のPTAの連絡や去年の塾のスケジュール、そしてキャラクターのステッカーなどが、冷蔵庫の扉にペタペタと貼られていませんか?

目にするものを整えることで心も整います。

ほんとうに必要なものだけを残して、あとは外してしまいましょう。

◎原則3　「臭わせない」

ゴミをそのままにしたあげく、悪臭が漂っているキッチンには、お金の神さまは寄り付きません！

「ゴミは収集日しか出せないんだけど？」という場合でも、必ずフタ付きのゴミ箱を使い、ゴミの臭いが部屋に広がらないようにしましょう。

また、調理をするときは、換気扇をまわし

生ゴミは臭いの出ないフタのあるゴミ箱へ

たり窓を開けたりして、食べものの匂いが部屋に残らないようにしましょう。

特に密閉性の高いマンションなどでは、空気がこもりがちです。

こまめに窓を開けて家のなかに風を取り入れることで、運気の流れもよくなるのです。

「断捨離《だんしゃり》」は心の汚れを取り除く

節約が好きな人は特に「もったいない」と考えて、いろいろなものを取っておきます。

そのため、キッチンはついつい雑然としがち。

でも「必要のないもの」をいつまでも置いておくのは、過去を引きずっているのと同じです。

仏教では、過去にこだわって、あれこれ悔やんだり悩んだりしていると、心に汚れがつくと考えられています。
つまり「断捨離」をするのは、自分の過去への未練も捨てることになり、心が磨かれることになるのです。

過去だけではありません。
未来について、不安になったり心配したりするのも、心に汚れをこびりつかせます。
まだ起きていない未来を心配しても、状況は変わりません。
自分の将来を変えられるのは、今のあなたの行動だけです。
今を一生懸命に生きることで、未来は変わります。

「金運を育てる！」と決意して、キッチンを磨き上げれば、未来は必ず輝くものになります。

また掃除をするときに「もったいないから」と、いつまでも古びたスポンジやフキンを使いまわさないでください。

ここで、思い出してみましょう。

「お金」には、ぐるぐると世の中をめぐり、人や社会の役に立つという役割があると「吉ゾウくん」はおっしゃいます。

「お金は積極的に世間にまわすもの」なのですから、古くなってきたら新しいものと交換し、気持ちよく掃除をしましょう。

ラッキーアイテム ↓ ミニ鉢植え

家のなかに「生きているもの」を飾ると、自然のパワーが氣のめぐりをグンとよくしてくれます。

最も手軽な「生きもの」の一つが観葉植物です。

また、緑が部屋にあると、目や心の癒しにもなり、ついつい目がいくでしょう。

観葉植物を目にして、心が「ホッ」と安らぐと「吉ゾウくん」のご利益も受け取りやすくなります。

観葉植物を目にするたびに「吉ゾウくん」を思い、心を込めて祈ってください。


キッチンに飾るのですから、大きな植木でなくて大丈夫です。

手入れが簡単なサボテンなどの多肉植物でもいいでしょう。

4月は、キッチンに「ミニ鉢植え」を取り入れてください。

もしかしたら、

「金運がよくなるなら♪」

とたくさん並べたくなるかもしれません。

もちろんいくつ置いても構いません。

でも、「お守り」としては、どれなのか。「お守り」の鉢植えを一つ決めて、心を込めて祈りましょう。

金運アップのじゅもん

↓

キッチンの神さまに先に感謝する

お金は世の中をぐるぐるめぐりながら、人や社会の役に立っています。

もしあなたが、お金の流れに入り、お金をどんどん引き寄せたいのであれば、自分からも世の中に与える必要があります。

「そんなことといっても、使えるお金は限られているし……」

と心配しないでください。


世の中に提供できるものは、現金だけとは限りません。

あなたの笑顔、才能などや「ありがとう！」と感謝することもその一つです。

また「ありがとう！」と感謝を習慣にすると、さらに感謝したくなるような状況がどんどんやってきます。

さらに、まだ起きていないことに対して、先に「ありがとう！」と感謝することで、願いが叶いやすくなるのです。

4月は、キッチンの神さまに、先に感謝をします。

「オン・ケンバヤ・ケンバヤ・ソワカ」「キッチンの神さま、ありがとうございます」

まとめ
4月

◎金運は総量が決まっているのではなく、育てるもの

◎キッチンにゴミをためるのは禁物。汚れているものはすみやかに処分する

◎包丁は神聖なモノ。出しっぱなしにしない

◎いつまでも古びたスポンジやフキンを使いまわさない

ラッキーアイテム

ミニ鉢植え

金運アップのじゅもん

「オン・ケンバヤ・ケンバヤ・ソワカ」
「キッチンの神さま、ありがとうございます」

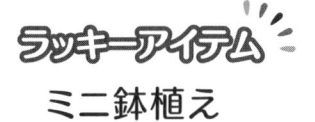

12カ月プログラム

★

5月

リビングルームを整えて最強の金運を手に入れる

5月は「吉ゾウくん」が長福寿寺に降臨してきた最強大金運月！

宝くじ当選、そして金運アップパワーが最大限に高まるのが5月です！
なぜなら、5月5日は「吉ゾウくん」が降臨した大縁日だからです。
そして5月は「リビングルーム」が金運アップのキメ手。
リビングルームを整えて、最強の金運を手に入れましょう！

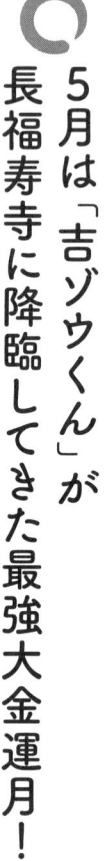

日本では、仏さまやご先祖さまの位牌を仏壇に飾る「仏間」と呼ばれる部屋があるのが一般的でした。
「祈る場所」があることで、日々、祈りを深め、ご利益を受け取ることができたのです。

しかし現代では、仏壇を飾る家は少なくなってきているため、ご利益を受け取るスペースがありません。

そこで、家のなかで1カ所、「祈り処《どころ》」をつくることで、ご利益を最大に受け取ることができるのです。

①自分自身を信じる心
②吉ゾウくんを信じる心
③みんなの幸せを信じる心

この3つの心を深め、金運をアップするための現代の「祈り処」がリビングルームなのです。


家族と暮らしている人であれば、リビングルームはみんなが集まる場所のはず。

リビングルームを整え、全員で祈りの心を深め「吉ゾウくん」の絶大な金運アップパワーをいただきましょう！

また、一人暮らしの人で特にリビングルームがない場合は、いつもくつろいでいる場所で構いません。

音楽を聴いたり、本を読んだりするちょっとしたスペースがあれば、リビングの代わりの「祈り処」として、その周辺を徹底的に整えましょう。

リビングルームのあちこちにゴミ箱を置かない!

リビングは、トイレやキッチンなどの水回りほど汚れにくいため、掃除や片付けに手を抜きがちです。

ここで、リビングの片付けのポイントをお伝えしましょう。

リビングルームでやりがちなことの一つが、ゴミ箱をたくさん置くこと。

リビングルームはくつろぐ場所ですから、座ったまま、いろんなことをすませたいという気持ちもわからなくはありません。

でも、ゴミからは悪い氣、つまり金運をダウンさせる氣が漂いますから、あちこちにゴミ箱を置くのはやめてほしいのです。

また、掃除機や掃除グッズなども、リビングに出しっぱなしにせず、目立たないところに片付けましょう。


次に、服を脱ぎ散らかしてそのままにしたり、雑誌やゲーム機などを床に置きっぱなしにするのもやめましょう。

服は脱いだらすぐにクローゼットにしまう。

雑誌なども置き場所を決めて、読んだあとは定位置に戻すようにしてください。

さらに、もし枯れたままの植物があったら、金運をダウンさせますので、片付けるようにしてください。


また可能であれば、本棚やテレビは部屋の東側、ソファは西側に置くといいでしょう。

　なぜなら、趣味や仕事の運をグンと高めてくれるのが東であり、ゆったりとリラックスできるのが西だからです。

「吉ゾウくん」とご縁を結べば、臨時収入があったり宝くじが当たったりと金運が格段にアップします。

　でも、この本の始めにお話ししたように「お金があなたのもとに押し寄せ続ける」ようになるには「自分の得意や才能に気づき、生まれ持った力を活かして世の中の役に立つ」ことがとても重要です！

リビングはリラックスするのに大事な場所。常に清潔にしましょう

仏教で東は「発心《ほっしん》」、つまり「悟りに向かう」と決める方角です。

趣味でも仕事でも、「自分の得意を活かす」と決める。

そう決めた人に力を与え、世の中に貢献するための行動の後押しをしてくれるのが、東の方角なのです。

「祈り処」は自分の心を見つめる場所

金運を確実に増大させるリビングルームにするためには、「祈り処をつくる」ことをお話ししました。

ただ人は、仏壇など祈る対象がないと、祈りを深めることはなかなか難しいものです。

そこで、仏壇の代わりになるもの、たとえばお守りなどの縁起物を飾り、そこを「祈り処」としてみましょう。

できれば金色や黄色のお守り、縁起物が良いです。

リビングの西側は「祈り処」に最適です。

なぜなら、西は「金運の氣」が強い方角だからです。

飾った縁起物に、お水やお供物などをする必要はありません。

なによりも大切なのは、目にするたびに「吉ゾウくん」のことを考え、自分の願いを心から祈ることです。

「一日3回」という決まりもありません。

祈らなかったからといって「吉ゾウくん」が罰を与えることはありません。

仏さまの教えは「みんなが楽しくイキイキと生きる」ためのものであり、人を罰して自分のいうことを聞かせるものではないのです。

また「祈る」というと、ひたすら仏さまや「吉ゾウくん」に頼み込むことだと思う方がおられるかもしれません。
しかし、1月の「初詣」のところでも説明しましたが、「祈る」というのは、仏さまや「吉ゾウくん」に、自分のやりたいことを「必ず実行します」と固く約束することです。

自分が何を実現したいか。
それはなぜなのかを見つけるためには、自分自身との対話が必要です。
自分を見つめ、家族を見つめるための「祈り処」がリビングルームなのです。

ものごとの「プラス面」に目を向けよう

せっかく「吉ゾウくん」のパワーが最大になる5月ですから、ご利益をMAXに受け取るコツを一つ、お話ししましょう。

それは、どんなことが起きても、ものごとの「プラス面」に目を向けるということです。

たとえば、あなたがクルマを運転していて、スピードオーバーで罰金を支払わなければならなくなったとします。

「なんで、私だけ……？　もっととばしていたクルマはいたのに」

「ついてない、運が悪い！」

と嘆くのは簡単です。

でも「あ、遅れそうでアセっていたから落ち着けってことかも？」「ついついとばすクセがあるから、事故になる前に気づいてよかった！」とポジティブに考えることもできるでしょう。

仏教では、自己中心的な心で怒ったり、グチをいったりすることは、心を汚す行動の一つだとされています。
せっかく「吉ゾウくん」が最強の金運アップパワーを発している5月に、ネガティブな考えで心を汚し、ご利益を受け取れないのはもったいない！

どんな状況でも、探せば必ずプラスの面があります。

「掃除も洗濯もめんどくさい！」と考えるか。
それとも「家事をするだけで金運が上がるならラッキー♪」と考えるか。
怒りやグチが口から出そうになったら、そこで一歩、立ち止まってみてください。
そして深呼吸をして「プラスの面はないか？」と考えてみるようにしましょう。
必ずご利益をMAXで受け取れるようになります。

ラッキーアイテム
↓アロマグッズ

お香は仏さまに捧げる代表的な供物の一つです。

また、お線香の煙をたちのぼらせることで、その空間と自分自身の心・身体を浄化します。

ただ一般的な家庭で、常にお香をたいておくのは安全上からも難しいでしょう。


そこで、5月のラッキーアイテムは、アロマグッズです！

最近では、キャンドルで温めなくても、水にアロマオイルを垂らしてスイッチを入れるだけで香りが漂うなど、手軽なものが増えています。

また、オイルでなくても、ポプリなど、置いておくだけで香りがするグッズもあります。

どんなタイプでも構いませんので、好みで用意してください。

ただし、この本の始めでもお伝えしましたが「ラッキーアイテム」は、あくまでもお守りと同じです。

飾っておくだけでは、大きな効果は期待できません。

香りを感じながら、自分に祈り、「吉ゾウくん」に祈り、世の中のために祈りましょう。

またもう一つお伝えしておきたいのが、大切なのは、まず掃除をして空間を清め、その上で香りを漂わせることです。

リビングが汚れたままで「悪臭が漂うからアロマでごまかす」のではないのです。

金運アップのじゅもん

↓「吉ゾウくん」のご真言

5月は「吉ゾウくん」が降臨したスペシャルな月です！
そのため、ここで、皆さんの金運アップが叶うよう、これまでずっと非公開だった「吉ゾウくん」のご真言を、特別にご紹介します！

「あたんだい・たんだはだい・たんだはてい・たんだくしゃれい・たんだしゅだれい・しゅだれい・しゅだらはち・ぼだはせんねい・さるばだらに・あばたに・さるばばしゃ・あばたに・しゅあばたに・そうぎゃ・そうぎゃねきゃだに・あそうぎ・そうぎゃはぎゃだい・ていれいあだ・そうぎゃはびしゃに・そうぎゃとりゃ・あらてい・はらてい・さるばそうぎゃ・さまじ・きゃらんだい・さるばだるま・しゅはりせってい・さるば・さったろだ・きょうしゃりゃ・あとぎゃだい・しんあびきりたい」

このご真言は、梵語（サンスクリット語）で「強く強く祈れば、願いは必ず叶う！」という意味です。

ありがたい言葉が詰まった長〜いご真言ですので、心を込めて繰り返しましょう！

アロマの香りを感じながら、金運アップを願い、ご真言を唱えてください。

また、紙に書き出して持ち歩き、目にするたびに心のなかでつぶやいてもいいでしょう。

必ず、あなたを強力な金運アップに導いてくれるでしょう。

まとめ
5月

◎家族が集まるところに祈り処をつくり、信じる心を深める

◎リビングにはゴミ箱をたくさん置かない

◎服を脱ぎ散らかしたり、雑誌・ゲームを置きっぱなしにしない

◎物事のプラス面に目を向けるようにする

ラッキーアイテム

アロマグッズ

金運アップのじゅもん

「あたんだい・たんだはだい・たんだはてい・たんだくしゃれい・たんだしゅだれい・しゅだれい・しゅだらはち・ぼだはせんねい・さるばだらに・あばたに・さるばばしゃ・あばたに・しゅあばたに・そうぎゃはびしゃに・そうぎゃねきゃだに・あそうぎ・そうぎゃはぎゃだい・ていれいあだ・そうぎゃとりゃ・あらてい・はらてい・さるばそうぎゃ・さまじ・きゃらんだい・さるばだるま・しゅはりせってい・さるば・さったろだ・きょうしゃりゃ・あとぎゃだい・しんあびきりたい」

12カ月プログラム

6月

自分を磨いて「お金が集まる体質」になる

「キラキラ」で内側から自分を輝かせよう

人には明るくキラキラしたものに心を惹かれる性質があります。

実は、お金も同じです。

金運は「キラキラ」しているところが大好きです。

洋服や小物の物理的な「キラキラ」はもちろん、笑顔が輝き、人に好感を与える行動がとれる人にお金は集まってきます！


また「キラキラ」の効果はもう一つあります。

それは、あなたを明るく元氣にしてくれることです。

たとえば、真っ暗やみのなかで、

「明るく生きよう！」

「起きたことのよい面を見つけよう♪」

と考えても、難しいでしょう。

そんなときに「キラキラ」したものは、心を元氣にし、自分に自信を持たせてくれる効果があるのです。

ところでお金持ちは、きらびやかな服装をしている人も、反対にシックな身なりをしている人も、全員にある一つの共通点があります。

それは「自分」という存在に絶大な自信を持っているということ。

逆にまだ金運レベルの低い人は、「自分なんて」「自分には無理」と自信がない人が多いです。

「これからお金持ちになろう！」という人は、迷ったり悩んだり、また、自分に自信をなくすこともあるでしょう。

そんなときに「キラキラ」を身につけていると心が元氣になり、自分に自信が持て、「自分だって捨てたもんじゃない」「大丈夫！」と前向きに進めるのです。

特に6月は、梅雨シーズンで、ジメジメと湿気が多く、心も沈みがちになります。

そんな時期は、「キラキラ」を身につけることで、内側から自分を輝かせて「お金がイヤでも集まってくる」体質になっていきましょう！

まずは、バッグのなかからキラキラさせる！

たまに「キラキラしたものは苦手……」という人がいます。

こういう人は、「どうせ、何をやっても変わらない」「無難がイチバン」と、グレーや黒などの色を選び、決まったスタイルの服ばかりを身につけているようです。

急に服装やファッションスタイルをキラキラにするのは難しいかもしれません。

そうであれば、まずは、スマホケースやサイフなど、バッグのなかの小物から少しずつキラキラに変えていきましょう。

そして、心が明るく元氣になるのを感じられたら、次のステップは、人から見られるところにキラキラを追加しましょう！

女性なら、ピアス、ネックレス、ブレスレットなどのアクセサリーが取り入れやすいでしょう。

男性は、ネクタイピンやピンバッジ、また、時計の文字盤を「キラキラ」に変えるのが、抵抗が少ないかもしれません。

いつも持ち歩くペンなどを「キラキラ」にするのもいいでしょう。

僧侶である私も、どんなときでもキラキラの「吉ゾウくんのブローチ」と「金運アップの念珠」を身につけています。

ちなみに、ここでいう「キラキラ」とは、色であればゴールドやシルバー、またはラメやラインストーンなどがついて光を反射する素材のことです。

「金運アップのために！」とムリをして、巨大なダイヤがついた高いアクセサリーを買う必要はありません。

今の自分に合わせて買えるものを身につけてください。

値段は関係ありません。安くてもいいのです。

光り輝き、見る人の心まで明るくきらめかせてくれるものを選んでください。

身なりに気を遣うのは自分を大切にすること

仏教用語で、美しく飾ることを「荘厳《しょうごん》」といいます。

そして仏さまは「信は荘厳なり」とおっしゃっています。

つまり、美しく整っているところにこそ、信仰心が生まれるということです。

だからこそお寺では、仏具などをどけて掃除をしたあと、また寸分変わらぬ位置にビシッと戻します。

これが、ほんの数ミリでもずれてしまうと、見る人に違和感を覚えさせ「なんとなく信用できない」という気持ちを抱かせてしまうからです。


また、ものの配置だけではありません。

修行僧は、髪の毛の剃り具合や、えりの開き方、歩くときの手の位置まで指導されます。


この「荘厳」は、女性が身だしなみやメイクに気を遣うのと同じです。

一生懸命、自分を明るく見せてくれるメイク法を探す。

試行錯誤して、自分を引き立ててくれる色やスタイルの服を見つける。

こうしておしゃれをすることに対し「見栄」だと感じる人もいるかもしれません。

でも、身なりに気を遣うのは、自分を大切にすることと同じです。

自分を大切にすれば、自信が出てきます。

自分を大切にしなければ、内側からキラキラ輝くことはできません。
つまり、金運が寄りつかなくなってしまうのです。

男性であれば、髪型を整えたり、清潔でアイロンがかかったシャツを着るのも「荘厳」でしょう。

明るく清潔で整った見た目をつくり、金運を引き寄せていきましょう！

幸せになるために先に笑顔になる

いつもと違ったファッションで自分を輝かせると金運アップ！

「お金がない……」と嘆く人たちは、ほんとうに暗い表情をし、笑顔がありません。
でも、自分を内側からキラキラと輝かせるためには、笑顔が何よりも大切です！

私はいつも「幸せだから、笑顔になるのではない。笑顔だから、幸せになり、金運もアップするのです」とお伝えしています。
なぜなら、たとえ「つくり笑顔」でも、笑顔でいると、心の扉が大きく開き、「吉ゾウくん」からのご利益をたくさん受け取ることができるからです。また、科学的に考えても、笑顔は「幸せ物質」を分泌することがわかっています。

なお仏教では、たとえまだ財力がなくても、見返りを求めずによい行いをすることで、よい運を授かることができると教えています。
そのよい行いのうちの一つが「笑顔で人に接する」なのです。

つまり、笑顔になることで、自分自身も楽しくなり、まわりの人もよい気分にできる。

そして心が磨かれ、金運がどんどん高まっていくのです。

「つくり笑顔」でもいいのです。

まずは鏡の前で、楽しそうな笑顔をつくる練習をしましょう。

そして、一日最低10回は、意識して笑顔になってみてください。

笑顔でいる時間が長くなるにつれて、ほんとうに笑っていられる楽しい時間が増えてくるはずです。

ラッキーアイテム ↓ キラキラのブローチ

「キラキラ」に慣れていない方に、私がよくオススメしているのが、手頃な価格で「キラキラ」が手に入る衣料品店の『しまむら』です。

ヘアピンやブローチなどのアクセサリーから始まり、スマホケース、ラメ素材のバッグなどが数百円から手に入りますから「キラキラ初心者」は『しまむら』からスタートするといいでしょう！

もちろん『しまむら』でなくてもいいのです。

お気に入りの「キラキラ」を見つけ、気持ちと金運をグイグイと上げていきましょう！

長福寿寺お守り紹介

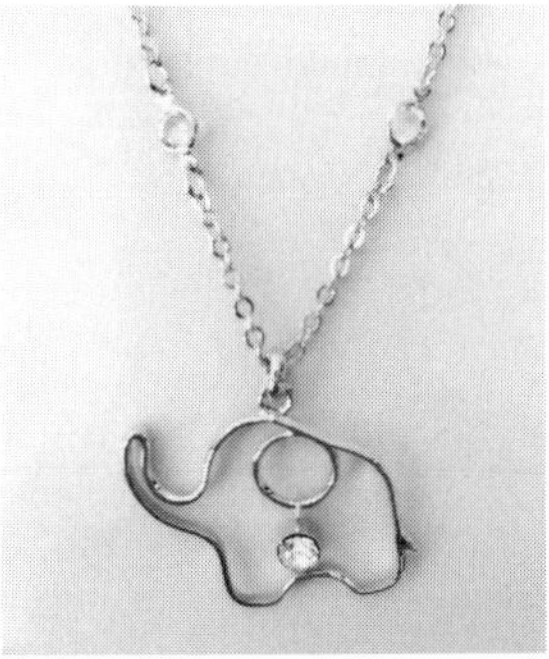

あなたを内側と外側から輝かせる「開運する!! ネックレス」

金運アップのじゅもん

↓

一日笑顔で過ごすことを誓う

6月は、笑顔をつくることを徹底しましょう！

朝、目が覚めたらすぐに、ベッドのなかで構いませんので、

「今日一日、笑顔で明るく過ごします！」

と宣言します。

そして、口角を上げて笑顔をつくってみます。

そのあとも、歯を磨くとき、食事をするとき、通勤電車のなか、お風呂に入っているときなど、気づいたときに、

「今日一日、笑顔で明るく過ごします！」

とつぶやきましょう。

もちろん、声に出さずに心の中でいってもOKです。

朝、歯を磨くときは鏡を見ながら、ニッコリ笑顔をつくる練習をするといいでしょう。

6月は「笑顔を習慣にする！」と心に誓い、自然なほほえみができるようにしていきましょう。

まとめ

6月

◎スマホケース、サイフなど、バッグのなかにあるものをキラキラに変える

◎女性はピアス、ネックレス、ブレスレットを。男性はネクタイピンや、ピンバッジをキラキラにする

◎身なりを整えることは、自分を大切にすること。女性は身だしなみやメイクを、男性は清潔感に気を遣う

◎笑顔をつくる。幸せだから、笑顔になるのではない。笑顔だから、幸せになる

ラッキーアイテム

キラキラのブローチ

金運アップのじゅもん

「今日一日、笑顔で明るく過ごします！」

12カ月プログラム

7月

「心のレベルアップ」をしてサマージャンボに当せん！

お金を得るのは悪いことではない！

7月はいよいよ、サマージャンボの発売です！

金運アップ、宝くじ当せんのご利益が絶大な「吉ゾウくん」の教えをここまで実践してきたあなたなら、当せんも目の前です！

金運アップ、そして宝くじ当せんを現実にするために、7月にやるべきことをお話ししましょう。

まず、最も大切なのが「お金を稼ぐことは、とても大切なこと！」と心から信じることです。

もしあなたがお金を稼ぐことについて、まだ「悪いこと」「汚いこと」だと考えたり、罪悪感を抱いたりしたら、その瞬間に金運は走って逃げていくでしょう。

この本の始めで「吉ゾウくん」が説く、最も大切な《お金の真理》は、「お金は〝お金を好きな人〟のところに集まってくる」とお話ししました。

吉ゾウくんは、あなたが「お金大好き！」であれば、宝くじだけでなく、パチンコや競馬といった手段でお金を手にすることだって応援してくれます。

もちろん、ウソをついたり、人を騙してお金を巻き上げたりするのには手を貸してくれません。

でも、なんどもお伝えしていますが、お金を稼ぐこと自体は、仏さまの教えである「みんなが楽しくイキイキと生きる」ことと同じです。

ここでちょっと考えてみてください。

家族みんながおいしいご飯を食べるためにも、子どもを育てるためにも、ご両親の介護をするためにも、そして、地域社会を元氣にするためにも、お金は必要です。

「お金は大切なもの。私たちの人生を明るく元氣にしてくれる源」だということを、もう一度、再確認しましょう！

そう考えるだけで金運が10倍にも、20倍にもアップします。

「みんな」って誰のことか考えてみよう！

「吉ゾウくん」は、金運を最強にパワーアップさせるためには、
①自分自身を信じる心
②吉ゾウくんを信じる心

③みんなの幸せを信じる心

の3つを深めることが大切だと説いています。

皆さんはこれまでの6カ月、このプログラムを実践することで、
①目的を持って「必ず当てる！」と誓う《自分自身を信じる心》
②「吉ゾウくん」のご加護を願い、教えを真剣に実行する《吉ゾウくんを信じる心》

の2つを深め、着々とサマージャンボを当せんさせるための基礎を築いてきたはずです。

では、ここであらためて、
③《みんなの幸せを信じる心》

について考えてみましょう。

「あなたにとって〝みんな〟って誰!?」と聞かれたらなんと答えるでしょうか?

自分の家族のことでしょうか。

それとも、仲のいい友人のことを指しますか。

または、家族と友人に加え、勤務先の人全員も入るでしょうか。

小さな当せん額でも3分の1を寄付すると金運が上がる

人によって「みんな」の基準は違うかもしれません。

また、最初は「レベル1　家族」のことしか考えられないかもしれません。

スタートはそれでいいのです。

でも、少しずつ「レベル2　家族と友人」→「レベル3　家族と友人と近所の人」のように、視点を広げ、最終的には「レベル10　世の中の人すべて」のことまで考えられるようになると、金運パワーは10倍、100倍、またはそれ以上、無限に増大します！

サマージャンボにもし当せんしたとしたら「3分の1ルール」を必ず守りましょう。

当せん金がたとえ1万円だったとしても、手にしたお金は「自分の成長のため」「お世話になった人への恩返し」「見知らぬ人の役に立つ」ように使ってください。

そうすれば、必ず次に、もっともっと大きな金運となってめぐってくるのです。

心のレベルをドカンとアップする「3大口グセ」とは⁉

長福寿寺では、あちこちに「宝くじに当せんした人の声」がたくさん飾られています。

「ロト6のキャリーオーバーで、6億円当たりました！」
「ハロウィンジャンボ宝くじの1等、3億円当たりました！」
「サマージャンボで1億円当たりました！」

こんな当せん者の声を見た人の反応は、おもしろいほど2つにわかれます。

◎「すご〜い、私にも当たるよね」↓当せんします。
×「どうせ、当たんないよ……」↓永遠に当せんしません。

自分にも可能性があると信じていれば「すご〜い、私にも当たるよね」というでしょう。

でも、「どうせ、当たんないよ……」という人は、宝くじを買うことさえしないでしょう。

口から発する言葉は、その人の考えを表します。

言葉にはパワーがあり、言葉は無意識のうちに行動をつくります。

また、マイナスの言葉は、心に汚れをへばりつかせ、誰しもが持っている光り輝く「豊かさ」や「幸せ」から遠ざけてしまいます。


ここで、口にするたびに心の汚れを落とし、心をレベルアップさせ、金運をドカンとアップしてくれる「3つの口グセ」をお教えしましょう。

それは「ありがとう!」「おもしろい!」「できる!」です。


人に何かしてもらったら、必ず声に出して「ありがとう!」といいましょう。

レジでお会計をしてくれた人に「ありがとう!」、家族にご飯をつくってもらったら「ありがとう!」、道をたずねて教えてもらったら「ありがとう!」と、笑顔を忘れずに感謝の気持ちを伝えてください。

次に、家族や友だちと会話するときは、決して相手を否定しないこと。

「中国語の勉強を始めてみようと思うんだけど？」↓「おもしろいね！」

「今日、こんなことがあってさ～」↓「おもしろいね！」

「来週、サッカーの試合、見に行かない？」↓「おもしろいね！」

いったん「おもしろいね！」と受け止めてから「私、スペイン語にも興味あるんだよね～」と、自分の意見をいうといいでしょう。


また、まわりの人のことだけでなく、誰よりも自分を信じること。

「宝くじに当たったんだ！」↓「私にもできる！」

「上司から難しい仕事を頼まれた」↓「（私なら）できる！」

「もうすぐ試験本番、でも自信がない」↓そんなときこそ「できる！」と自分にいいきかせる

また、仏さまは元氣なあいさつが大好きです。

私は、長福寺にお参りに来られた方に「こんにちは〜！」とあいさつをしてお返事がないと、わざわざ近づいて「元氣なあいさつをしないと金運が逃げてしまいますよ」とお節介をしています（笑）。

前向きな言葉を使うことの効果は絶大です。

今日からすぐに始めてみましょう。

宝くじは「ちょっとイタい」金額まで買う

「宝くじは、いったい何枚買えば当たるのでしょう？」

という質問をよく受けます。

基本的な考えは、初詣のお賽銭と同じです。

宝くじを2〜3枚買って「1億円当たらないかな〜？」と考えるのは、1円や5円のお賽銭で「吉ゾウくん」のご利益を受けようとしているのと変わりません。

思い切って「ちょっとイタい……」くらいの金額を使うことで、「宝くじを当てる！」という覚悟が「吉ゾウくん」に伝わります。

「どうしても、5000円以上はツライ」という人は、せめて最低10枚は買ってください。

10枚買えば、必ず1枚、当せんしているはずです。

そこで「よし！　当たった」と喜び、たとえ300円でも「3分の1ルール」を守って、自分とまわりに還元し、「吉ゾウくん」にお礼をいいましょう。

もしあなたが「吉ゾウくん」だったら、「吉ゾウくん」を信じてお礼をいう人と、「どうせ、10枚に1枚は当たりがあるんだから……」と考えて、当せん金を全部自分で使ってしまう人と、どちらを応援したいと思うでしょう。

また、10枚買って「1枚当たった！」と考えられる人は、次のチャレンジにも「また、当てよう！」と容易に踏み出せるでしょう。

そして、もう一度宝くじを買って「また、当たった！」となれば、当たった記憶がどんどん積み重なり「勝ちグセ」が、身につきます。

自分に自信もつき、お金がめぐるよい循環に入ることができて、さらに大きな金額が当たるようになるのです。

ラッキーアイテム

↓

金運アップの祈りを込めた「宝くじ入れ」

長福寿寺では、僧侶全員で「金運アップ！　宝くじ当せん！」の祈願をした、「吉ゾウくんの大当たり！【宝くじ入れ】」が一番人気です！

でも、「吉ゾウくん」の宝くじ入れを手に入れられない方でも、自分で「金運アップ」の祈りを込めた宝くじ入れをつくることができます。

まずは、お気に入りの封筒を見つけましょう。

そしてその封筒に、宝くじが当たったら、

①自分のために何をするか。
②家族や友だちのために何をするか。
③知らない人のために何をするか。

を書いてください。

封筒は、毎日必ず目にするところに置き、見るたびに「3つの願い」を確認しましょう。

そして、実際に宝くじが当たって、その3つの願いを叶えているところをイメージ

長福寿寺お守り紹介

宝くじ・スクラッチが当たったと大評判の「吉ゾウくんの大当たり！【宝くじ入れ】」

してください。

思わずニヤニヤしてしまうくらいリアルに想像できたら、願いが叶う日も近いでしょう。

金運アップのじゅもん

↓ 心から信じる

7月は、自分を信じ、「吉ゾウくん」を信じ、すでに宝くじが当たったものとしてお礼をいいます。


「宝くじが当たって、自分のお店を持つことができました。ありがとうございます！」

「宝くじが当たって、家族全員で海外旅行に行くことができました。ありがとうございます！」

「宝くじが当たって、捨て犬の世話をする団体に初めて寄付できました。ありがとうございます！」

じゅもんは、宝くじをしまっておく封筒に書いたものと同じものとします。

そして、当せんしたのがどんな金額だったとしても、必ず「お礼参りに行く！」と決めましょう。

「吉ゾウくん」が、お金との縁を結んでくれたことに感謝してお礼を伝えてください。

まとめ 7月

◎お金は「私たちの人生を明るく元氣にしてくれる源」。お金に対する罪悪感をなくす

◎「ありがとう！」「おもしろい！」「できる！」をログセにする

◎宝くじは最低10枚買う。300円当たっても、3分の1ルールを使う

◎小さい金額でも当て続ければ、勝ちグセができてくる

ラッキーアイテム

金運アップの祈りを込めた「宝くじ入れ」

金運アップのじゅもん

「宝くじが当たったものとしてお礼をいう」

12カ月プログラム

8月

太陽の恵みで
これからずっと
金運が良くなる

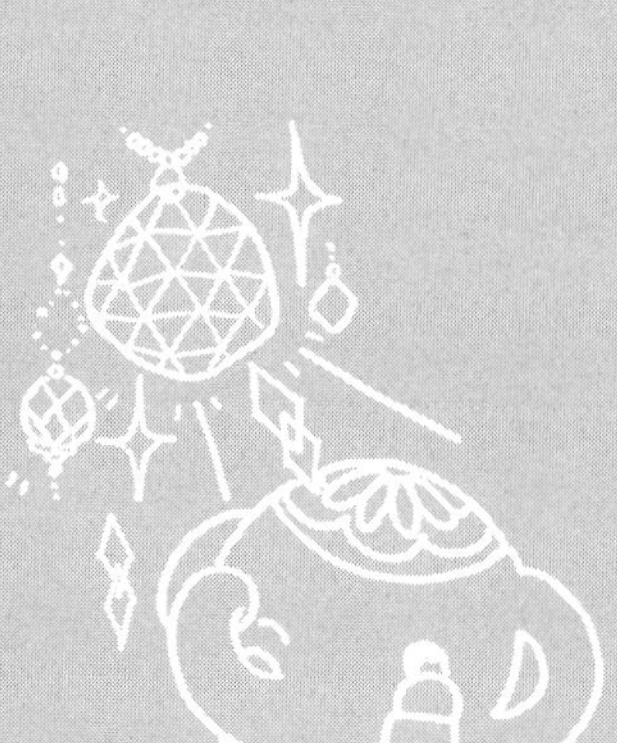

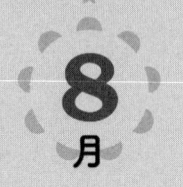

太陽の光を浴びて金運パワーを全開にする！

地球に生きる生命で、太陽の光なくして存在できるものはありません。
太陽が与えてくれる光と熱が、植物、そして動物をも育てているのです。

この絶大な太陽のパワーを浴びると金運もググッとアップします！
それも当然ですね、すべての命を育む太陽のエネルギーを受け取るわけですから。

8月は、太陽の光をめいっぱい浴びて、金運をさらにアップしていきましょう！

太陽が昇り地上に降り注ぐ朝日、さらに、沈みゆく前に持てる力を出し切ってくれる夕日。
この2つの時間帯に、太陽のパワーが最も高まりますので、できれば《日の出》か

《日の入り》に太陽の光をたっぷり浴びてください。

せっかくの太陽のご利益です。たっぷり受け取る方法をお教えしましょう。

それは、光を浴びながら深呼吸をし、自分の願いが叶った姿をありありとイメージすることです。

時間は1～2分で構いません。

イメージするのが心地よいときは、もっと長い時間行ってもいいでしょう。

女性は「日焼けはちょっと……」と、太陽の光を避けがちです。

でも、日焼け止めを塗っていても、服の上からでもいいのです。

大切なのは、太陽の光の暖かさを感じ、そのエネルギーを取り入れて願いを叶えようとすることなのです。

ちなみに「なぜ、イチバン暑い8月に太陽!?」と思うかもしれません（笑）。

その理由は、真夏は「暑い……」と、太陽を避けてしまいがちな季節だからです。

春や秋、そして冬は、皆さん、太陽の光のありがたさや心地よさを実感し、積極的にひなたに出ようとするでしょう。

でも、夏はどうしても、エアコンの効いた部屋にこもりがちになります。

そして、無意識のうちに、ほかの季節よりも太陽のパワーをいただく機会が減ってしまうのです。

8月は、ほんの数分で構わないので、太陽エネルギーを意識的に浴びてください。

「今」の延長だと金運も変わらない

「吉ゾウくん」、そして仏さまは、太陽の光と同じように、いつもあなたのそばにいてくださいます。

太陽は「仏さまそのもの」だと考えてもいいでしょう。

ここで大事なことを一つお伝えします。

太陽や「吉ゾウくん」、そして仏さまは、常にあなたを見守ってくださいますが、動こうとしない人には手を貸すことをしないのです。

なんどもお伝えしていますが、「金運上げたいな〜」「宝くじ、当たらないかな〜」と、テレビの前に座りっぱなしの人の金運が爆上がりすることはないでしょう。「未来を変えたい」と願っているのに、今と同じ行動しかしていなければ、今と違う未来が訪れるわけがないのです。

短い時間でいいのです。

一日1回、太陽の光を浴びて願いが叶ったことを想像するだけなら、とてもカンタンですね。

でも、それさえも「そんなカンタンなことで、ほんとうに金運が上がるの!?」など

と疑って実践しない人もいます。

もし、あなたがそう思うのであれば、

「そんなカンタンなことで、金運が上がるならやってみる！」

と考えを切り替え、まずは一歩、前に踏み出しましょう。

「欲」は捨てるのではなく、大きくする

仏教は「欲を持たない教え」だと考える人がいます。

「だから〝金運アップ〟なんて、叶わないんじゃない？」

と、考えてしまうのです。

でも、繰り返しお話ししてきましたが、そもそも仏教とは「みんなが楽しくイキイキと生きる」ためのもの。

お金を稼いで、楽しくイキイキと暮らすことを「吉ゾウくん」、そして仏さまは強力にバックアップしてくださいます。

さらに、仏教では「〝欲〟は捨てるのではなく、大きくする」ことで、もっともっと願いが叶いやすくなると教えています。

ちなみにこれは、「最初、カローラがほしかったのをポルシェに変えれば、もっと叶いやすくなる!?」わけではありません（笑）。

仏さまは「自分だけが幸せになればよい」という「小欲」ではなく「みんなとともに心豊かに、幸せになる」という「大欲」を大いに持つべきだとおっしゃっているのです。

「大欲」とは、つまり「みんなの幸せを信じる心」です。

そして、みんなの幸せのために、自分の好きなこと、得意なことを活かすと、さらに金運は倍増し続けます。

これは「吉ゾウくん」の教えでもあり、宇宙の真理でもあります。

例外は一つもありません。


8月は、太陽の光を浴びながら「みんなの幸せのために、自分ができることは何か」を考えてみるのもいいでしょう。

ラッキーアイテム
↓
サンキャッチャー

長福寿寺お守り紹介

太陽のエネルギーを部屋に満たす！ 金運アップや対人運アップなど5種類ある「サンキャッチャー」

8月の太陽は強烈に地球に降り注ぎます。でも、太陽のエネルギーだけを受け取り、さらに増幅して送り込んでくれるありがたいアイテムがあります。

それが「サンキャッチャー」です。

太陽の光が当たる、部屋の窓に飾れば、直接、太陽の光に当たらなくても、エネルギーだけを室内に取り入れられるのです。

いろいろなカタチや色がありますので、好みのものを選びましょう。

長福寿寺では、願いに合わせた「吉ゾウくん」のサンキャッチャーが大人気です。もちろん、僧侶全員で運気アップの祈りを込めてあります。

太陽の光を部屋まで届けてくれるサンキャッチャーは最強の金運アイテム

金運アップのじゅもん

人はすべて仏さまの分身

ほんらい人の心は、光り輝いて「豊かさ」や「幸せ」とともにあります。

これは言葉を変えると、一人ひとりの心のなかには、必ず仏さまがいてくださるということです。

つまり、この世にいる人は、すべて仏さまの分身だと考えることができるのです。

優しく声をかけてくれる友人も、逆に厳しくあたる上司も、すべて仏さまの分身なのです。

太陽の光を浴びながら、

「私のまわりにいる人は、誰もが仏さまの分身です」

とつぶやいてください。

すべての人の存在を認め、仏さまと同様に敬うことで、あなたの金運パワーは大きく成長します。

さあ、太陽の光を浴びながら声に出してお唱えしましょう。「私のまわりにいる人は、誰もが仏さまの分身です！」と。

まとめ
8月

◎太陽は命の源。１～２分でも光を浴びながら深呼吸する

◎未来を変えるなら今と違う行動をとってみる。「吉ゾウくん」が見守ってくれるから安心して！

◎太陽の光を避けがちな８月だからこそ、日焼け止めを塗って日光を浴びよう

◎欲は捨てるのではなく、みんなを幸せにするような、大きな欲を持つ

ラッキーアイテム

サンキャッチャー

金運アップのじゅもん

「私のまわりにいる人は、誰もが仏さまの分身です」

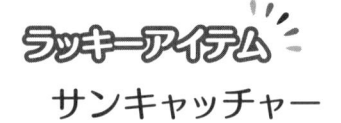

12カ月プログラム

★

9月

寝ている間に金運がアップする寝室にする

人は寝ている間に「運」を吸収している

よく、

「忙しくって、今週、まだ6時間しか寝ていない」

「昨日も徹夜だったんだよね～」

と「寝てない自慢」を耳にします。


もちろん、仕事も遊びもがんばっているのでしょう。

でも「金運を上げる」ことを考えたら、睡眠不足は絶対にNGです。

なぜなら、人は寝ている間に「運」を吸収しているからです。

一日の厄を落とし、幸運を吸収する時間が短ければ、それだけ金運アップは難しくなります。

金運をど～んと上げたいなら、ぐっすり眠ることを大切にしてください。

9月はようやく、朝晩、涼しくなり、寝やすくなりますよね。

こんな時期は、よく眠れて金運がアップするよう、寝室の環境を整えていきましょう。

心を安らかにして、いいパワーを取り入れるための基本は、パジャマ、シーツ、枕カバーです。心地よい素材のものを選び、いつも清潔に保つことです。

汚れたものには、基本的に悪い気が集まります。

こまめに取り替えて洗濯してください。

また、よく「どっちに頭を向けて寝ればいい？」と聞かれますが、部屋の配置や窓の位置などによって寝やすいようにすればいいのです。

「北は縁起が悪い？」と聞かれることもありますが、そんなことはありません。

「仏さまと同じ！」なので、ありがたいことなんです。

寝る前に「今日あった素晴らしいこと」を考える

夜、眠る前、あなたは何をする習慣があるでしょう。

スマホでゲームをしていますか。

眠くなるまでテレビをつけっぱなしでしょうか。

それとも、お風呂に入ってリラックスするのが好きですか。

実は、眠る前の10分間は、金運をアップするためのゴールデンタイムです！

寝る前の過ごし方で、次の日の金運が左右されるといってもいいくらいです。

それまでは好きなことをして過ごして構いません。ただ、眠る直前の時間は、必ず「今日あった素晴らしいこと」を考えてください。

「今朝、すっきりと目が覚めました！」

「いつもの電車に間に合って、無事、出勤できました！」

「コンビニの店員さんが、親切で気持ちがよかった！」

など、思い出せる限りのいいことを考えてみてください。

そうすることで、プラスの考えになったまま眠りにつくことができるからです。

眠りにつく前に、今日あったイヤなできごと

金運は寝ている間にチャージされます。しっかり寝ましょう

を思い出したり、「あのとき、ああすればよかった」「こうしたほうがよかったかも?」などとモンモンと考えたりして落ち込むと、悪い気を呼び寄せてしまいます。

後悔するのは翌朝にまわして、ムリやりにでもいいことを数えるようにしましょう。

自分の好きなところを書き出してみよう

もう一つベッドに入る前にすることで、オススメなのが「自分の好きなところを書き出す」ことです。できれば声に出して!

どんなに小さなことでも構いません!

いつも「あいさつが気持ちいい」といわれる。

自分がつくるロールキャベツは絶品!

爪のカタチがかわいい。
子どもの幼稚園の先生に「お母さんは、絵が上手！」とホメられた。
など、できるだけたくさん書き出してみましょう。

10個、20個と書き出すうち、必ず「あれ、私ってこんなこともできるんだ」「こんなことも自慢できる♪」といった、これまで気づかなかった長所が見えてくるはずです。

8月に、太陽の光を浴びながら「みんなの幸せのために、自分ができることは何か」を考えてみましたね。
9月は、こうして書き出したあなたの長所を使って「みんなの幸せのために、自分ができることはないか？」をもう一度考えてみましょう。

たとえば「得意なロールキャベツで子どもたちをハッピーにしよう♪」と思いつい

たとします。

子どもたちに食べてもらううちに、ほかのお母さんたちにも評判になり、「私にも教えて！」といわれるかもしれません。

「教えてほしい」という人が増えたら、もしかしたら料理教室を開くことができるかもしれません。

「自分の長所や才能に気づき、得意な力を活かして世の中の役に立つことができれば、金運は無限に増大していく」ということを思い出してください。

こうして9月の夜は、眠る前の時間を、将来の大きな金運に備えて使ってみましょう。

ラッキーアイテム
↓
ゴールドのお守り

「ゴールド」というカラーは「富」と「繁栄」の象徴であり、最強の金運アップパワーを持っています！

でも、だからといって、ベッドカバーやカーテンをゴールドにするのは難しいですよね（笑）。

それならば、ゴールドでもう少し小さなもの、お守りやサンキャッチャー、または、小さな額縁やオブジェなどを置いてみましょう。

寝ている間に、ゴールドのパワーを吸収すれば、金運が10倍以上アップします！

長福寿寺お守り紹介

寝室を金運アップの部屋にしてくれる「金銀財宝ザックザク守り」

金運アップのじゅもん

↓自分の好きなところをホメる

私たちは、子どものころから、苦手な教科を克服するように躾《しつ》けられたせいか、長所を伸ばすより、「欠点」や「弱点」の改善に力を注ぐ傾向があります。

でも、苦手はいくらスキルアップしようとしてもなかなか難しい。
また、得意でないことよりも、自分が持つ素晴らしい才能に磨きをかけるほうが、毎日を楽しくイキイキと暮らせるでしょう。

まずは、自分の「好きなところ」を見つけ、その「好きなところ」を伸ばしていく。
そして、その「好きなところ」を活かして、家族や友人、地域社会を明るく元気にしていくことが、これからもずっと金運を上げ続けるための最大のコツです。

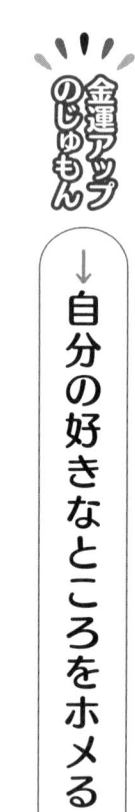

そのために、まずは、
①「自分の好きなところリスト」をつくってみましょう。
②リストができたら、そのなかから「最も得意なこと」を選びます。
③毎日、一つでも、少しでもいいので「最も得意なこと」を使って何かしてみてください。

たとえば、イラストを描くのが「最も得意」だとしましょう。

子どもに書く、連絡メモにイラストをプラスする。
電車のなかから見た、奇妙な建物を手帳に描いてみる。
郵便受けに「配達ありがとうございます」のイラストをつけてみる。

そして「得意を活かした」ことに対し、自分を思いっきりホメてあげてください。

「また、これで金運が上がっちゃった♪」

「今日のイラスト最高！」

「なんで、こんな短時間でこんな可愛いイラストが描けるの!?　私ってスゴい！」


なんでもいいのです。

とにかく、思いつく限り、自分をホメてホメて、ホメまくりましょう！

騙されたと思って、実践してください。

すると「最も得意」な才能が、さらに引き出されてグングン育っていきます。

もちろん、才能が育つと同時に金運も育っていくのです。

まとめ
9月

◎人は寝ている間に運を吸収している。ぐっすり眠ることを大切にする

◎パジャマ、シーツ、枕カバーは心地のよいものを選ぶ

◎眠る前の10分は金運を上げるためのゴールデンタイム。スマホを置いて今日あった素晴らしいことについて考える

◎ベッドに入る前に自分の長所を紙に書く

ラッキーアイテム

ゴールドのお守り

金運アップのじゅもん

「自分のいいところをめちゃくちゃホメる」

12カ月プログラム

★

10月

貯金をして「お金がお金を呼ぶ」サイクルをつくる

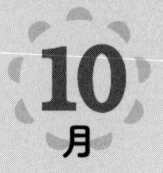

お金は仲間がいるところに集まる

10月は、「年末ジャンボの高額当せん！」に向けて、本腰を入れて金運を上げる月です！

「吉ゾウくん」は、「お金さまは仏さま」と考えていいといっています。
つまり、そのくらい、大切に扱うことで喜んで集まってきてくれるのです。

お金の住みかといえば、おサイフです。
おサイフの選び方については、

ヘビ皮が金運アップする。
黄色いサイフがお金が貯まる。

自分の年収の20分の1の値段のサイフを持つといい。

など、さまざまな説を聞いたことがあるでしょう。

私も、サイズやカタチ、素材など「どんなサイフを選んだらいいか」と、よく質問を受けます。

でも私は、基本的に「お金さまの居心地がいいように」と考えれば間違いはないとお伝えしています。

つまり「お金さまの居心地がいいように」しようとしたら、おのずと、小さく折りたたんでキチキチに詰め込む折りたたみサイフより、長サイフがいいと考えられるのではないでしょうか。

また、お札を入れる向きについても、私は「頭を下に突っ込まれるのはイヤだろうな」と思うので、頭を上にして、すべてのお札の向きを揃えて入れています。

おサイフの色については、好みで選んでいいと思っています。

でも、「お金さまの居心地がいいように」と考えれば、暗〜い色よりも明るい色、さらに、金運アップパワー絶大のゴールドがいいのではないでしょうか。

ちなみに、長福寿寺では「吉ゾウくんのキラキラ金運財布」として、金運アップの祈願をしたゴールドのサイフを授与しています。


さらに、ほとんど使わないポイントカードやレシートでパンパンになったサイフは、きゅうくつでお金さまの居心地が悪いはず。

あなたがこれまで家中をキレイにしてきたように、お金のお家であるサイフのなかも、きちんと整頓してください。


また、ここで重要なポイントをお伝えします。

それは、お金はさみしがり屋だということです。

仲間がいないと、すぐに立ち去ってしまうのです。

ですから、普段、おサイフには、使う予定のお金とは別に、必ず1万円札を1枚、入れておいてください。

「仲間がいる」ことで、お金がどんどん集まってくるサイクルができあがるのです。

そして、余裕があれば、2万円、3万円と常に入れる金額を大きくしていきましょう。


「えっ、余分な1万円入れていて、サイフ落としたらどうしよう!?」

と思ったあなた。

5月に「ものごとの〝プラスの面〟に目を向けよう」という話をしましたね。

「もし、サイフを落としたら……」と考えるのは、マイナスの面に目を向けていることに気づきましょう!

「もし、サイフを落としたら……」より、「これで金運が増大する!」と考えるのが正解です（笑）。

3日に1回、500円玉を貯金する

次に「お金の仲間を増やす」ための貯金についてお話ししましょう。

毎月、毎月、あり金をすべて使い果たし、次のお給料までにすっからかんになっている。

そんな状態では、お金は立ち寄ってもすぐに去ってしまいます。

少しずつでもいいので、貯金を始めてみましょう。

私がオススメしているのが、3日に1回、500円玉を貯金箱に入れることです。

なぜ500円玉なのかというと、まず「5」が金運増大のラッキーナンバーだからです。でも、だからといって「5円玉貯金」をしていても、なかなかお金は貯まりませんね。

次に、５００円は、10円や１００円と比べ、「ちょっとイタい」金額だからです。

そして、５００円玉貯金は、積み重ねれば、いつの間にか大きな金額になるからです。


最低でも週に2回、できれば3日に1回、５００円玉を貯金してみましょう。

週に2回でも、月に8回、貯金ができます。

すると、１カ月では４０００円貯まります。

また3日に1回入れていれば、月に10回になりますから、５０００円の貯金ができます。

１カ月５０００円貯められれば、１年で6万円になるでしょう。


毎日でなくていいのです。

でも、たとえば「水曜日と土曜日には、５００円玉貯金！」と決めたら、その日は必ず貯金箱に５００円玉を入れてください。

銀行の口座から自動的に天引きされる方法でもいいのです。

もしくは、毎日「コンビニに行ったつもり」貯金として、ジュース代を貯金するのでもいいでしょう。

でも、達成感があって続けやすいのは、なんといっても500円玉貯金です。

お金さまに、どんどん来ていただくために、しっかりと仲間を増やしておきましょう。

500円玉貯金を始めるとドンドンお金が貯まるようになる

貯金はしても「貯め込まない」

ほんとうによくある、笑えない話です。

80歳のおばあちゃんが、3000万円の貯金を持っていました。

そこで、「そんなに貯めてどうするの？」と聞くと「老後のためだよ」と答えたのです（笑）。

「吉ゾウくん」も仏さまも、貯金はいいことだとおっしゃいます。

でも、目的なく貯め込むのは、逆に金運を下げてしまうのです。

金運がよければ、老後に困った状況に陥ることはありません。

お金は手元にどんどんめぐってくるからです。

もちろん、「もしものときのため」に一定の金額を置いておくのは悪いことではありません。

でもたとえば、1000万円のうち300万円を残して、残りの700万円を、「おいしいスイーツの通信販売を始めて、全国の人に喜んでもらう」「無農薬の野菜をつくる農家とレストランをつないで、健康的な食事を提供してもらう」

などの「みんなのために」「世の中にお金をまわす」ことに使ったとしましょう。

すると、世の中の人に喜んでもらえるだけでなく、その喜びのエネルギーが700万円以上のお金となって戻ってくることでしょう。

「吉ゾウくん」の教えを信じ、実践していれば、必ず、自分が世の中に提供した以上のカタチとなって返ってきます。

もちろん、まだ、そうした目的が見つかっていないときは、ムリに使う必要はありません。

ただ「自分の好きなところ」「得意なこと」を自分自身にたずね、なんども書き出していれば、少しずつ、自分のやりたいことが見えてくるはずです。

見つかったときに、夢を実現しようと思い切って前に踏み出した人を「吉ゾウくん」は強力に応援してくれるのです。

ラッキーアイテム → 貯金箱

10月のラッキーアイテムは、ズバリ、貯金箱です。

目につくところに置いて、500円玉を入れるたびに、

「お金って素晴らしいなぁ〜」

としみじみ感じてください。

そして貯金箱に向かって、今月のじゅもんである、
「お金さま、ありがとう！　おかげさまで心豊かに暮らしています」
と唱えましょう。

お金に対する感謝が深まれば深まるほど、あなたの金運は驚くほど大きくなっていくのです。

長福寿寺では、お金を入れるたびに「チャリ〜ン」と音がして、お金のありがたみを感じられる「〝吉ゾウくん〟貯金箱」を授与しています。

金運アップのじゅもん
↓
お金に感謝！

貯金箱に向かってじゅもんを唱えるだけではありません。

10月は、お金を目にするあらゆる機会に、

「お金さま、ありがとう！　おかげさまで心豊かに暮らしています」

と唱えてください。

レジでお金を支払うとき、電気やガスなどの請求書を手にしたとき、友人とランチを食べたとき、子どもの給食費を払うときなど、気づいたときに、必ず唱えるようにすれば、お金とのご縁が強く結ばれていくでしょう。

まとめ
10月

◎明るい色のサイフを持つ

◎財布には使う予定とは別に1万円を必ず入れておく

◎お金は仲間を増やしたがります。3日に1回500円玉貯金をする

◎お金を貯金したら、世の中のために使ってみる

ラッキーアイテム

貯金箱

金運アップのじゅもん

「お金さま、ありがとう！　おかげさまで心豊かに暮らしています」

12カ月プログラム

★

11月

お風呂に入るだけで「お金が勝手に増えていく」

毎日、湯船につかって金運アップ！

仏教的な観点から申し上げると、人は生きているだけで、毎日、心とカラダに汚れをためています。

仏さまは、この汚れが「不幸になる原因」であると見抜かれました。汚れを合計すると108あります。

「108の煩悩」のことです。聞いたことがあるでしょう。

その「108の煩悩」を大きく分けると3つになります。

これを三毒《さんどく》といいます。

「三毒」とは、「貪《とん》・瞋《じん》・痴《ち》」の3つであり、カンタンに説明すると「貪」とは自分だけが良ければいいと考える心、「瞋」とは自分勝手に怒る心、そして「痴」とは愚かさからくる不平不満の心です。

たとえば、

「お金がほしい」と銀行強盗したり、人を騙してお金を奪うのは「貧」です。

「交差点でぶつかってきた人がいて、イラっとした」というのは、自分がスマホを見ていたことを棚に上げ、相手を加害者だと決めつける「瞋」、つまり自分勝手な心です。

「隣の家のダンナさんが海外に転勤になってうらやましい」「同期が出世して腹が立つ」と、自分の振る舞いや行動については振り返らずに、人のことを羨《うらや》んでばかりいるのは「痴」であり、こうした思いがよぎるとき、心に汚れがたまると考えられているのです。


そんな心とカラダの汚れをいっきに落とせるのがお風呂です！

「シャワーだとダメなの？」

と思う人もいるかもしれません。

もちろん、シャワーを浴びれば、カラダの垢は落とせます。

でもシャワーでは、カラダの表面の血行しか促されないため、十分にカラダが温まりません。

そして、エネルギーがきちんと循環できないため、心の汚れや邪気をしっかりと落とせないのです。

だんだんと寒くなる11月には、一日の終わりに湯船につかると、心もカラダも「ホッ」としますよね。

心が温まると金運の扉が大きく開き、ご利益をたっぷりと受け取ることができるのです。

年末に向けて、おサイフに福沢諭吉先生がわんさか訪れるよう、毎日、湯船につかりましょう！

塩を入れて厄落とし効果をパワーアップ！

湯船につかりカラダを温めれば、心の汚れや邪気が落ちやすくなります。

さらに、お風呂の力を最大にパワーアップできるのが「塩風呂」です。

皆さんは、お葬式に参列したあと、「清めの塩」を渡されたことはありませんか。

またお相撲さんは土俵にあがる前に、バッと塩を撒きますよね。

両方とも邪気や厄災を祓《はら》う塩の効果を活用しているといえます。

同じように「塩風呂」は、邪気や汚れを落とす方法として最もカンタンにできるものの一つなのです。

「塩風呂」のやり方はとてもカンタンです。

ひとつかみの天然塩を湯船に入れるだけ。

ただ、ここで気をつけていただきたいのが、精製された塩ではなく、天然塩を使うということです。


海の水でカラダを洗い清めることを「禊《みそぎ》」といいます。


実は、邪気や厄災を落とすために塩を使うのは、「禊」が由来といわれています。

ほんらいであれば、海に入らなければできない「禊」を再現するには、やはり、海水からできた塩を使うのがベストなのです。

バスタイムは心とカラダの汚れを落とす大事な時間

また、天然塩に含まれるミネラルが発汗作用を促し、カラダの老廃物を外に出す効果もあります。

「塩風呂」は、毎日でなく、3〜4日に一度くらいの頻度で行えばいいでしょう。

また、家族で順に入浴する場合、一人が入るごとに、少しずつ新たに塩をプラスしましょう。

「塩風呂」をしたあとのお湯は、さまざまな汚れや邪気がたまっています。

ちょっともったいない気がするかもしれませんが、お湯は使いまわしせずに、その日のうちに流してしまいましょう。

残り湯を洗濯に使う方もおられるかもしれませんが、塩風呂の残り湯は捨てるようにしましょう。

風呂掃除もお忘れなく！

そのほか、お風呂を活用して金運をグングン上げるためのコツをお話ししましょう。

◎風呂掃除を忘れずに！

湯船につかって芯まで温まり、心とカラダの汚れを落としたら、お風呂場に感謝の気持ちを込めて、しっかり掃除をしてあげましょう！

バスルームの掃除の最大のポイントは「換気」です。

湿気がこもるとカビが生えやすくなりますし、何よりも私たちのカラダから落とした「悪い氣」を外に追い出すためにも、素早い換気が必要です。

窓があるなら窓を開け、ない場合でも換気のスイッチを入れておくようにしましょう。

また、バスルームは、トイレやキッチンと同じように、水を使うため汚れやすい場所です。

トイレやキッチンと同じように、使うたびにサッと汚れを取り去り、週に数回、日を決めて徹底的に磨き上げましょう。

◎石けんやシャンプーは質のいいものを使う

せっかく金運を上げるためのバスタイムです。

石けんやシャンプーは、「スーパーで安売りしていたから」といった理由ではなく、自分の好きなものを厳選して使ってあげてください。

大好きな香りで肌や髪に効果的なものを使えば、心がほんわかゆるみます。

さらに、プチ贅沢をすることで、心がリッチになりお金持ちマインドを高めることもできるでしょう。

そうして、お風呂の効果をグンと高め、金運パワーを充填してください。

◎タオルは毎日替える

毎日、洗いたてでフカフカのタオルを使えたら、気持ちいいですよね！

これも、ちょっと贅沢だと思うかもしれません。

また「洗濯がめんどう……」と感じることもあるでしょう。

「必ず」でなくて構いません。

タオルはできるだけ小まめに交換しましょう。

ラッキーアイテム

↓

天然塩

11月は、質のよい天然塩がラッキーアイテムです。

お風呂に入れるときは、
「おかげで、悪い氣を落とすことができます！」
と考え、塩に「ありがとう！」と、感謝しましょう。

また、せっかく質の良い天然塩を手に入れたのであれば、お風呂だけで使うのはもったいない！

お料理にも積極的に使ってください。

基本的な調味料である塩の質がアップすれば、料理のクオリティだけでなく、家族全員の健康度もアップするでしょう。

お気に入りのボトルに天然塩を入れて、キッチンとバスルームの見えるところに置

長福寿寺お守り紹介

「黄金塩」はカラダの毒を出す塩風呂にも最適

いておくのもいいでしょう。
目にするたびに、金運アップを願い、それを助けてくれる塩に感謝すれば、金運爆上げも間違いなしです。

金運アップのじゅもん

↓人生に感謝する

11月は、すでにお金持ちになったような豊かな気持ちで、人生、そして仏さまに感謝しましょう。

毎日、湯船につかっているとき、次のじゅもんを唱えてください。
できれば、声に出して！
お風呂場では誰も聞いていませんから、恥ずかしくないですね（笑）。

「吉ゾウくん、今日も一日ありがとうございました」
「私とご縁があったすべての人とモノに感謝します」

そして、できれば、その日にご縁を結んだ人やモノを思い浮かべ「ありがとう！」といってください。

まとめ 11月

◎心とカラダの悪い汚れはお風呂で落とし、毒を外に出す

◎天然塩を入れるだけで、邪気や汚れを落とす「塩風呂」にパワーアップ

◎邪気を落としたあとは、お風呂掃除も忘れずに行う

◎石けんやシャンプーは自分のために質のいいものにする

◎タオルも小まめに交換しましょう

ラッキーアイテム

天然塩

金運アップのじゅもん

「吉ゾウくん、今日も一日ありがとうございました」
「私とご縁があったすべての人とモノに感謝します」

12カ月プログラム

★

12 月

宝くじは「当たって当然」なんです！

宝くじが当たった人の3つの特徴

さあ、いよいよ年末ジャンボの発売時期です！

私はこれまで、何千人と、宝くじで高額当せんした方を見てきました。宝くじだけに限らず、「年収が上がった！」「株が上がった！」などを含めれば、何万人もの金運が爆上げした人たちを見てきたのです。

これほどたくさんの人の「金運アップ」の現場に立ちあったおかげで、宝くじに当せんする人の特徴をしっかりと見極めることができました。

ここで、「吉ゾウくん」に高額当せんの報告をしてくれた人たちが持つ、３つの特徴をお話ししましょう！

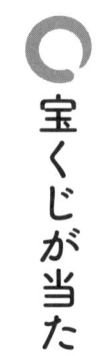

①笑顔で「吉ゾウくん」にお参りをしている

つい先日、家族全員でニコニコとお参りをしてくださったAさんご一家。

なんと、お参りをしたその日のうちに、

「スクラッチ2等、当たりました〜！」

と再び、お参りに来てくださいました。

10枚購入したうちの、3枚が当せん！　そのうちの1枚が2等だったのです！

このとき私は「笑顔は金運を引き寄せる重要なポイント！」だと深〜く実感したのです。

お参りに来られる多くの人を見ていると、笑顔で楽しくお参りをしてくださる人ほど、その後に「当たりました〜！」と喜びの声を届けてくださいます。

「6月のプログラム」で「幸せだから笑顔になるのではない、笑顔だから幸せになる」のだとお伝えしましたね。

「幸せ」には、もちろん「金運」も含まれています。

お参りをするときだけでなく、日頃から、とにかく笑顔！　笑顔！　を心がけましょう。

②「吉ゾウくん」を信じて敬う心を持っている

長福寺にお参りされる方で、ときどき、「〝吉ゾウくん〟のお守りを買えば、当たるんだよね？」という人がいます。

また、電話で「〝宝くじ入れ〟を買えば、当たるよね？」と問い合わせてくる方もいます。

はっきり申し上げましょう。

「買ってやっている」という態度の人には、決して宝くじが当たることはありません！

同じように「お参りにきてやった」「祈ってやった」と考える人の金運が上がることもないでしょう。

宝くじが当たる人は、みんな「〝吉ゾウくん〟とご縁を結ぶことができてありがたい」「金運が上がる教えを実践させていただいている」という謙虚な気持ちをお持ちです。

そして、その上で心から金運アップを「吉ゾウくん」にお願いしているのです。

「〝吉ゾウくん〟を信じて敬う人」には、必ず金運アップしてくださいます。

③何ごとにも「ポジティブ」に向き合っている

金運だけでなく、運がいい人はポジティブな考えを持つ人がほとんどです。

ポジティブというのは、単に「ヤッホ〜」と明るいだけのことではありません（笑）。

自分を信じ、自分の夢が叶うのを信じられる。

そして、困難からもプラスの面を引き出して前に進める人のことです。

5月に「ものごとの〝プラス面〟に目を向けよう」というお話をしましたね。

また、7月に「心のレベルをドカンとアップする〝3大口グセ〟とは!?」をお伝えしました。

どちらも、ポジティブな人になるためのトレーニングです。

また、9月の「自分の好きなところを書き出す」のも、自信を身につけ、得意を見つけるためのものです。

「私、宝くじ、当たる気がする〜」という人ほど、そのあとで「ほんとうに当たりました!」と報告にきてくださいます。

この3つの資質は「12カ月プログラム」を実践すれば、すべて身につくものばかりです!

しっかり実践して、宝くじの高額当せんを狙いましょう！

「一発逆転！」ではなく、金運を育てる

ではここで、反対に、宝くじが当たらない人の特徴をお話ししましょう（笑）。

宝くじが当たらない人の最大の特徴は、人まかせで自分で金運を育てようとしないことです。

お金がほしいのはわかります。

誰だって金運をアップしたいと思うでしょう。

でも、金運とは「吉ゾウくん」のお守りを買ったり、宝くじ入れを買ったりしただけで黙っていても上がるものではありません。

自分で育てるものです。

この本の最初で、「お守りとは、ご利益を受け取るためのアンテナ」だとお伝えしました。

受け取ったご利益を活かし、育てていくことで、金運は高まっていくのです。

宝くじが当たらない人は、そのことを理解せずに、一攫千金を狙う傾向があります。

「吉ゾウくん」に1回お参りをした。

お守りを購入した。

そうしたら1億円がすぐに当たると考えているのです。

また、ときどき「〝吉ゾウくん〟を信じて、お参りをしているのに、宝くじが当たりません」という悩みを聞くことがあります。

長福寿寺にお参りをして、たくさんの人が「当たりました!」「金運が上がりました！」と報告しているのを見るとアセってしまうのかもしれません。

仏さまの教えでは、金運だけでなく運というものは、心のレベル、つまり霊性《れいせい》が高まれば上がるものだとされています。

ただ、霊性というのは、先祖から受け継いだ部分もあり、ほんとうに人それぞれ。金運のスタート地点は、人によって大きく異なるのです。

たとえていえば、スタートが新入社員の人、課長からの人、部長からの人がいるようなものです。

もしスタートが新入社員なのに、まわりが出世しているからといって、2年目に「あれ、オレ、なんで社長になれないの？」と考えて、仕事を辞めてしまったら、永遠に部長にもなれませんよね。

でも「吉ゾウくん」とご縁を結び、この本の「12カ月プログラム」を実践すれば、必ず金運は上がります。「必ず」です！

途中であきらめないでください！

「12カ月プログラム」を実践していると、まわりの状況がお金が増える方向に変化していきます。

持っていることを忘れていたお金に気づく、高価なプレゼントをもらう、期待していなかった割引きをしてもらうなど、人によってさまざまなことが起こるでしょう。

こうしたサインに気づき、さらに「吉ゾウくん」の教えを実践していけば、必ずその人なりの金運爆上げの時期がやってきます！

12カ月プログラムを続けて最強の金運をつくりましょう

「12カ月プログラム」は、金運を上げる行動習慣をつくり、長所を見つけ、活かしていくためのものです。

1年間実践したあとは、自分の得意なものに特化して構いません。

同じ掃除でも、トイレ掃除が達成感があって好き！

お風呂であったまって、お風呂を磨き上げるのが好き！

など、自分が心地いいと感じ、楽しくできるものを選びましょう。

そうして、好きなことを深めていくことで、霊性が高まり、金運が上がり、高額の宝くじが当たる日が、どんどん近づいてくるのです！

「当せん！」を引き寄せる売り場の選び方

では、ここで、宝くじの当せん者に聞いた「当たる！」売り場の特徴をお話ししましょう。

①明るい売り場

ここでいう「明るい」とは、まず物理的に明るいことです。

お金は「キラキラしているところ」「明るいところ」が好きなのです！

つまり、よく陽が当たる屋外にあったり、窓が広かったりして、光が降り注いでいる売り場が金運を引き寄せます。

そして、光だけでなく雰囲気も明るいところを選びましょう。

なんとなく近寄りにくい、空気がよどんでいる気がするときは、その売り場で買うのはやめましょう。

②売り場の人が笑顔

高額当選した方が口を揃えていうのが、

「売り場のお姉さんの笑顔が素敵だった♪」

ということです。

お姉さんがムスッと怖い顔をしているところより、ニコニコ素敵な笑顔でいてくれるところのほうが、気持ちよく買えますよね。

笑顔は金運を引き寄せます！

ですから、窓口がいくつもあったら、笑顔を比べて「イチバン！」と思う人から買いましょう。

③大きな建物が近くにある売り場

毎年、長蛇の列ができることで有名な「西銀座チャンスセンター」も大きなビルに囲まれています。

よく当たる売り場は、大きな建物の近くにあることが多いといわれています。

「人が集まるところには、お金も集まる」といわれていますので、納得ですね！

ちなみに、長福寿寺の最寄りの宝くじ売り場も、すぐ横に大きめの商業施設があって、とてもにぎやかです。

少し前に、サマージャンボで7億円も出ていますので、穴場かもしれません♪

ラッキーアイテム
↓
サイフ

12月のラッキーアイテムは「サイフ」です。

9月末〜12月末に替えたサイフは「実りサイフ」といわれ、「金運が上がるサイフ」として有名です。

12月は丁度、「実りサイフ」のシーズン。

来年も金運をじゃんじゃん上げて、お金さまをたくさん迎えるため、「サイフが古くなっちゃったー」と感じている方は、思い切って新しいものに替えてみましょう。

秋は金運アップにとって、重要な季節です。黄金の稲穂が実ることから「実りの秋」「収穫の秋」と呼ばれるだけでなく、「金の季節」と呼ばれています。また、金の氣（金運）が満ちている季節とされ、「金秋《きんしゅう》」と呼ばれることもあります。

金の氣をたっぷりと受けた、金運アップの「実りサイフ」に替えるには、まさに絶好の機会なのです。

12月にサイフを替えて新年を迎え、気持ちも新たに金運を爆上げしていきましょう。

長福寿寺お守り紹介

お金さまが入りたがる「吉ゾウくんのキラキラ金運財布」

金運アップのじゅもん
↓
自分だけの欲に走らない

「12カ月プログラム」を実践して授かった金運を手放さず、さらに高めていくための最後のじゅもんは、

「みんなのために、みんなとともに、自分の長所を活かして、今日一日を過ごします」

です！

「吉ゾウくん」は、教えを素直に実践する人には、必ず金運を授けてくださいます。そして「吉ゾウくん」に「この人なら、世の中を明るく、楽しくしてくれる」と信頼されたとき、あなたの金運は爆発的に増大します！

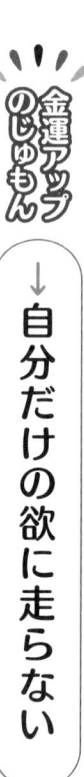

私は、すべての人にそうあってほしいと願っています。

そのために、この本では、「自分の好きなこと」「得意なこと」「長所」を見つけ、世の中の「みんな」を幸せにできるように組み立てました。


まだ「そうはいっても、具体的に何をしてみんなを幸せにするかわからない……」という段階でも大丈夫です！

大切なのは、金運の仕組みを知って、自分にできることから始めることです。また、それに気がつくことができるようにプログラムされていますので、安心して取り組んでください。

そのためにも12月は、気づくたびに、

「みんなのために、みんなとともに、自分の長所を活かして、今日一日を過ごします」

と唱えてください。

そうすることで、少しずつ、少しずつ、自分の長所を人のために活かせるようになり、金運がいつまでも上昇し続けるサイクルに入ることができるのです。

まとめ
12月

◎お参りをするとき、笑顔でいる

◎宝くじの当せん金額はあなたの今の金運。じっくり育てれば必ず大きくなる

◎宝くじは必ず明るい売り場で買う

◎人が集まるところにお金も集まる。大きな建物がある売り場が吉

ラッキーアイテム

サイフ

金運アップのじゅもん

「みんなのために、みんなとともに、自分の長所を活かして、今日一日を過ごします」

あとがき

この本を読んで、宝くじに当たったら、ぜひ、その喜びをSNSでわかちあってください！

そうすることで、まわりの人に、

「自分もできるかも……」

と勇気を与えます！

そして、まわりの人を元気にしたあなたには、ますます、金運がめぐってくるでしょう♪

「お金は、私たちの人生を輝かせてくれる源」

だからこそ、吉ゾウくんのご利益をいただき、あなたの長所・魅力を発揮させ、金運をグングンと高めましょう。

そして、周りのみんなも元氣にしてあげましょう。

「お金がなくて夫婦ゲンカ」「お金がなくて自殺」「お金がなくて強盗」……これが現実です。

お金がない人のほとんどは「自分の長所・魅力」を見出していません。

また、お金の本当の活かし方を知らず、お金に振り回されています。

ぜひ、この「12カ月プログラム」を実行し、金運を10倍増させてください。

宝くじを高額当せんさせてください。

あなたの金運が高まれば、それだけ世の中の人を明るく元氣にすることができるのです。

「自分自身を信じ、吉ゾウくんを信じ、みんなの幸せを信じれば」……必ず金運はアップします。

必ず！

なお、今回の出版に際して、幻冬舎の若きエース・寺西鷹司氏、女性の視点からアドバイスを下さった塩尻朋子氏、イラストレーターの尾垣良枝氏、そして吉ゾウくんファンの皆さま・長福寿寺のスタッフには多大なるご協力をいただきました。

心より感謝申し上げます。

桓武天皇勅願寺　長福寿寺　第56世　住職　今井長秀

最後まで読んでいただきありがとう
ございました。一度だけでなく、二
度、三度繰り返し読んでいただくと、
より金運がパワーアップします。
楽しく金運を上げていきましょう

装幀　小松学（ZUGA）
本文イラスト　尾垣良枝
DTP　美創
編集協力　塩尻朋子

〈著者プロフィール〉

今井長秀（いまい・ちょうしゅう）

1968年千葉県生まれ。大正大学仏教学研究科修士・博士課程で仏教を学ぶ。

経営コンサルティング会社・日本経営合理化協会で10年間活躍、経営の神様・牟田學師より直接指導を受ける。

また、この10年間に数多くの「お金持ち社長」と接し、その行動と教えを学ぶ。

さらには、日本有数のお金持ちである「斎藤一人」氏からも薫陶を受ける。

2011年に「金運アップの吉ゾウくん」を復活し、年間参拝者数15万人の大人気寺院に育てる。

理念は「ご縁ある皆さまを明るく元氣にする《仏教のテーマパーク》を築くこと」

日本一宝くじが当たる寺
金運を爆上げする12の習慣

2019年 4 月20日　第1刷発行
2020年12月25日　第7刷発行

著　者　今井長秀
発行人　見城 徹
編集人　福島広司

GENTOSHA

発行所　株式会社 幻冬舎
〒151-0051　東京都渋谷区千駄ヶ谷4-9-7

電話　03(5411)6211(編集)
03(5411)6222(営業)
振替　00120-8-767643
印刷・製本所　株式会社 光邦

検印廃止

ISBN978-4-344-03456-3　C0095
幻冬舎ホームページアドレス　https://www.gentosha.co.jp/

この本に関するご意見・ご感想をメールでお寄せいただく場合は、
comment@gentosha.co.jpまで。